STATISTIQUE FÉODALE

DU

DÉPARTEMENT DU NORD.

PREMIÈRE PARTIE :

LA CHATELLENIE DE LILLE

Par M. Th. LE RIDAN,

Membre titulaire, à Roubaix.

II. — CAREMBAUT.

Les localités du Carembaut sont, dans l'ordre alphabétique : Allennes-les-Marais, Annœullin, Bauvin, Camphin, Carnin, Chemy, Gondecourt, Herrin, La Neuville - en - Phalempin, Phalempin, chef-lieu de la châtellenie héréditaire de Lille, et Provin.

ALLENNES-LES-MARAIS.

Fief et noble tènement, mouvant de la baronnie de Cysoing en toute justice, haute, moyenne et basse, avec droit de senne ; — comprenant 24 bonniers, des rentes sur 132 bonniers 15 cents, dues par 50 à 60 hôtes et plusieurs tenants; droit de mesure sur les weddes, droit de tonlieu sur la vente des bestiaux, dîme sur 84 bonniers, 28 corvées de 6 gros. — Hommages : Cysoing, Beaufort, Beaumont, La Fosse-au-Mortier, Le Ménage, à Allennes; Ennequin, La Haye d'Ennequin, à Loos; Haillies, à Chemy; le Camp-Royé, à Lambersart; le Petit-Espaing, à Lesquin; Bossu et Villers, à Wahagnies, et 27 fiefs innommés.

Famille du nom d'Allennes, du XIe au XIVe siècle. (Voir Carpentier). — Anselme d'Allennes, 1237. (Warnkœnig, Hist. de Fland.) — Hugues, seigneur de Neuville et d'Allennes, 1389; — Hugues de Neuville, seigneur d'Allennes, mort à la bataille d'Azincourt. — Au mois de janvier 1499, Jean de Neuville, seigneur de Boubers-sur-Canche, fit rapport de la terre d'Allennes. Il était fils de Jean, qui laissa son nom et ses armes d'Ococche, pour prendre ceux de Neuville, famille d'où venait son aïeule. — Jeanne de Neuville, sœur de Jean, épousa en premières noces le seigneur de Belleforière, et en secondes noces Guillebert de Lannoy, seigneur de Willerval, mort en 1556. — Leur fille, Bonne de Lannoy, héritière de Willerval, Allennes, etc., épouse de François d'O'gnies, chevalier, seigneur de Beaurepaire. — Leur fils, Adrien d'Oignies, seigneur de Willerval, Allennes, etc., marié à Jeanne de Rosembois, d'où vint Robert d'Oignies, chevalier, seigneur de Willerval, Filomez, Allennes, épouse d'Éléonore de Bailleul; — leur fils, Jean d'Oignies, comte de Willerval, seigneur de Filomez, Allennes, mort sans génération; — Éléonore-Hippolyte d'Oignies, sœur et héritière de Jean, alliée à Charles-Philippe d'Oignies, seigneur d'Estrées. — En 1672, Pierre-Félix de Croix, baron d'Heuchin, reprit la terre d'Allennes, par retrait lignager en action de sa femme Anne-Éléonore de Sainte-Aldegonde, fille du comte de Genech. Cette terre avait été achetée 54,000 florins par Henri Jacobs, seigneur d'Hailly, riche banquier de Lille. Pierre-Félix de Croix mourut le 9 mars 1677 et fut inhumé à Allennes, où il a sa pierre tumulaire. — Son fils, Alexandre-François de Croix, chevalier, marquis d'Heuchin, seigneur de

Frelinghien, Allennes, les Prévôtés, etc., époux de Madeleine-Françoise de Fiennes, mort en 1699. — Alexandre-Maximilien-François de Croix, marquis d'Heuchin, seigneur de Frelinghien, Verlinghem, les Prévôtés, époux, en 1724, d'Isabelle-Claire-Eugénie de Houchin.

Beaumont, fief vicomtier tenu d'Allennes à 10 livres de relief; — 3 bonniers et demi à usage de prairies.

Nicolas Bridoul, fils et héritier de Jeanne Du Gardin; — Gilles Bridoul, mort en 1655; — Antoine Bridoul, son fils; — Françoise Bridoul, veuve de Michel Du Mortier, par achat d'Antoine Bridoul, fils de Gilles, le 23 avril 1664; — M. le conseiller Fruict, à cause de N. Du Mortier, sa femme, fille et héritière de ladite Françoise, morte en 1669.

Chisoin, Cysoing, à Allennes, fief vicomtier tenu d'Allenne 13 bonniers et demi, — 10 livres de relief.

Mathias de Le Cambe, dit Gantois; — Jean Allegambe, fils de Quentin et de Marie de Le Cambe, dite Gantois; — Louis Allegambe, frère de Jean, mort au mois d'août 1617; — les successeurs de celui-ci, seigneurs de Bazinghien. (Voir ce fief à Esquermes.)

La Fosse-au-Mortier, à Allennes, tenu dudit Allennes à une paire de blancs gants de relief. — Un quarteron de terre.

Guillaume Triel, fils de Jacques.

Le Ménage, à Allennes, tenu dudit Allennes à 100 sous de relief. — 2 bonniers 10 cents de pré.

Simon Huret en action de sa femme, Marguerite Cocquel, 1661.

ANNOEULLIN.

A l'abbaye de Saint-Vaast, d'Arras. Le châtelain de Lille était

, avoué de cette abbaye et percevait, en cette qualité, certains droits détaillés dans l'article : *Châtellenie héréditaire de Lille ou fief du Châtelain.* § VII.

Voir, sous la date de 1220, un accord au sujet de ce village, entre l'abbaye de Saint-Vaast et le châtelain de Lille. *(Inventaire analytique et chronologique des archives de la Chambre des Comptes, à Lille, édité par la Société des Sciences, p. 152.)*

BAUVIN·

A l'abbaye de Saint-Vaast, d'Arras. — Le châtelain de Lille était l'avoué de cette abbaye et percevait, en cette qualité, certains droits détaillés dans l'article : *Châtellenie héréditaire de Lille ou fief du châtelain*, § VII.

Voir, sous la date de 1220, un accord, au sujet de ce village, entre l'abbaye de Saint-Vaast et le châtelain de Lille. *(Inventaire analytique et chronologique des archives de la Chambre des Comptes, à Lille, page 152.)*

CAMPHIN-EN-CAREMBAUT

Donné, le 17 juin 962, avec l'église, les serfs et les biens qui en dépendaient, à l'abbaye de Saint-Pierre au mont Blandin à Gand, par le comte Arnoul-le-Vieux. (Van Lokeren, *chartes de l'abbé de Saint-Pierre à Gand*, N° 31) — Le châtelain de Lille en était l'avoué et en cette qualité y jouissait de divers droits détaillés dans l'article : *Phalempin ou fief du châtelain de Lille*, § VII.) — L'abbaye y avait un maire. En 1169, Segard de Camphin, *Camfin*, donne à Saint-Pierre son fils Amand pour le service du Seigneur, *ad serviendum Domino*, et en même temps tout le fief ou l'office qu'il tenait de l'abbé à Camphin et pour lequel il avait déjà reçu 32 marcs. (Van Lokeren, N° 314.) Les maires subsistèrent néanmoins ; on les rencontre dans les actes des quatre siècles suivants.

Le 9 mars 1222 , Gautier , évêque de Tournai , dans un procès qui s'était élevé entre l'abbaye et le châtelain de Lille , décide que la haute justice à Camphin , *Canfinio* , *Camphinio* , appartient à l'abbé à l'exclusion de tout autre *(Ibid.* , 470*)* — En 1225 , un accord entre l'abbé et le châtelain règle leurs droits respectifs à *Canfins. (Ibid.* , 478*)*

En 1227 , l'abbé accorde en bail à Jean , maire de Camphin , la métairie , *curtem* , de Camphin pour cent muids de froment par an , mesure de Lille . *(Ibid.* , 493*.)* — Un autre bail est passé en 1260 à Jean Blienket . au prix de 280 livres , 10 deniers parisis par an , en sus de diverses charges et redevances. *(Ibid.* , 493*)* — Pendant le cours du XIVᵉ siècle , cette cense est affermée à la famille Le Huon. *(Ibid.)* — Les terres du ténement de Saint-Pierre , à Camphin , comprenaient , suivant un arpentage du milieu du XIIIᵉ siècle , 117 bonniers un quartier et 50 verges ; 400 verges pour le bonnier de 21 pieds la verge ; 21 bonniers à Camphin valant 22 bonniers à Gand. *(Ibid.* , 624*)* — On y comptait 169 censitaires. *(Ibid.* , 896.)

En 1267 , l'abbé de Saint-Pierre et le châtelain de Lille déterminent les poursuites à intenter contre les débiteurs à Camphin : « Li chartre des deteurs et de clameurs de Canfin. » *(Ibid.*, 797.) — Camphin avait sa coutume particulière. D'après cette coutume locale , aucun droit seigneurial , « fors une pièce d'argent , » n'était dû à la vente , don ou transport des héritages tenus de ladite seigneurie. En 1535 , un jugement de la Gouvernance de Lille décidait que le bailli de la Salle de Lille et ses officiers ne pouvaient instrumenter , sous quelque prétexte que ce fût , dans la seigneurie de Camphin , appartenant à l'abbaye de Saint-Pierre , *(Ibid.* Nᵒ 2140.)

Il paraîtrait que cette terre de Camphin fut plus tard érigée en principauté en faveur des abbés de Saint-Pierre de Gand. *(Manuscrit de Muyssart* , aux archives départementales.)

Anecourt, *Anacurt* 1183, dépendance de Camphin appartenant à l'abbaye de Saint-Pierre de Gand qui y avait un maire. — Par acte passé, le 3 février 1375, par devant le bailli et les hommes de fief de Camphin, Carvin, Harnes, Wingles et Wendin, Jean de Buillon, dit Le Camus, renonce en faveur de l'abbaye au fief de la mairie d'Anecourt, qui était de sa mouvance et qui lui était échu en partage par la mort de sa mère Maroie Havebotte, pour icelui fief être réincorporé et réuni au corps de la dite église. (Van Lokeren, *chartes de l'abb. de Saint-Pierre à Gand*, Nº 1291.)

La Lacherie, à Camphin, tenu de l'abbaye de Saint-Pierre de Gand.

Jean du Bosquiel, seigneur de Lobbe, bailli de Camphin en Carembaut, fit en 1538, dénombrement de ce fief que les habitants du village nomment La Gacherie.

CARNIN

Du domaine du châtelain de Lille qui y percevait des rentes en argent, en froment dont trois muids avaient été donnés à la chapelle du Plouich; en avoine, en pains, en chapons et gelines sur 189 mesures et 3 cents d'héritage. — Marie de Luxembourg, châtelaine de Lille, veuve de son second mari en 1495, faisant partage entre ses enfants Charles de Bourbon, duc de Vendôme et François de Bourbon, comte de Saint-Pol, assigne à celui-ci le comté de Herlies, la ville de la Bassée, les terres de Carnin et de Transloy, le surplus du fief du châtelain restant à Charles, son aîné.

François de Bourbon épousa Adrienne d'Estouteville dont il eut Marie, duchesse d'Estouteville qui épousa en troisièmes noces Léonor d'Orléans, duc de Longueville. Ceux-ci vendirent le comté de Herlies avec les seigneurie de la Bassée, de Carnin et de Transloy y réunies, à Philippe de Sainte-Aldegonde, chevalier, sieur de Noircarmes; mais par retrait lignager, ce domaine revint à Anne Palant, comtesse douairière de Chaumont, veuve de Philippe de Stavele, chevalier de la Toison d'Or, baron de Chaumont, seigneur de Glajon et d'Estaires. Anne de Palant fit rapport et dénombrement du comté en 1594. — Son fils Floris de Stavele, comte de Herlies, baron de Chaumont, mourut sans génération de sa femme Madeleine à Egmont, fille de Lamoral, prince de Gavre, et de Sabine de Bavière. Le comté de Herlies échut à Philippe Lamaral de Hornes, comte de Hautekerke, petit neveu de Madeleine d'Egmont; celui-ci en sépara la seigneurie de Carnin, village à clocher, avec haute, moyenne et basse justice, et la vendit le 26 avril 1632 à Sasbout de Varick, sieur de Niverdonck, bailli de Lille.

Sasbout de Varick, mort le 1er juin 1650. — Son fils Cyprien de Varicq, écuyer seigneur de Carnin et de Dieval en Artois, aussi bailli de Lille, créé chevalier le 29 mai 1652. — Jacqueline de Varick, épouse de Jacques-François Le Cocq, créé comte de Humbeck, mort le 24 décembre 1724. — Leur fils Charles-Bauduin Le Cocq, comte de Humbeck, seigneur de Dieval, mort le 19 septembre 1762. — Dame Louise-Clémentine-Joseph Dudeman figure comme dame de Carnin parmi la noblesse du bailliage de Lille, qui prit part à l'élection des députés aux États généraux de 1789.

La Mairie de Carnin, fief vicomtier tenu du châtelain de Lille, de sa cour et halle de Phalempin, à 10 livres de relief, comprenant un manoir avec 10 cents de terre, 5 bonniers 14 cents de terre ahanable; des rentes sur un hôte et plusieurs tenants, des rentes que le châtelain lui doit pour l'exercice de la mairie et de la justice et en retour desquelles il est tenu de poursuivre par la loi de Carnin le paiement des rentes dues audit châtelain dans sa terre de Carnin.

Jean d'Oignies, dit Richard, écuyer, 1389. — Bauduin d'Oignies, chevalier, gouverneur de Lille, 1456. — Nicolas d'Oignies, seigneur d'Estrées, époux de Jacqueline de Rubempré; — leur fils François d'Oignies, seigneur de Beaurepaire, 1506;

— Adrien d'Oignies, fils de François, chevalier, seigneur de Villerval, Allennes, Acheulles, Pérenchies, Helleville, mairie de Carnin, grand bailli des bois et forêts du roi en son pays de Hainaut.

Carnin en Carnin, fief et noble ténement tenu du châtelain de Lille de sa cour et halle de Phalempin en justice de vicomte et à 10 livres de relief, comprenant un demi-bonnier de terre à labour et des rentes.

On trouve un Michel de Carnin en 1302 (Kervyn Hist. de Fl. T. II.)

Gilles Malebranque, 1389; — Robert Malebranque, 1456; — Jeanne Malebranque, veuve de Tassart de Lorme, 1509, — Mahieu Van Hoy; — son fils François Van Hoy Queslot.

Esteulles, à Carnin, fief vicomtier tenu du châtelain de Lille, de sa cour et halle de Phalempin à 10 livres de relief; comprenant 4 bonniers d'héritages, des rentes et deux hommages.

Jacques d'Esteules, 1389; — Christophe d'Esteules; — Mariette ? d'Esteules. — Gérard de Noyelle, 1456; — Jean de Noyelle, écuyer, fils de Gérard, 1493. — Jean Baillet; — Jeanne Baillet, sa fille, veuve de M. Baude Muyssart, en son vivant licencié ès lois, 1560, — Toussaint Muyssart, maïeur de la ville de Lille, fils de Baude.

Helleville, à Carnin, fief vicomtier tenu du châtelain de Lille, de sa cour et halle de Phalempin, à 10 livres de relief; comprenant un bonnier d'héritage au Mez de Lassus, dix bonniers de terre ahanable, une dîme, des rentes et quatre hommages.

Bauduin d'Oignies, chevalier, gouverneur de Lille, 1456; — Nicolas, d'Oignies, chevalier, seigneur d'Estrées, époux de Jacqueline de Rubempré; — leur fils François d'Oignies, 1506. — Adrien d'Oignies, fils de François, chevalier, seigneur de Villerval, Allennes, Acheulles, Pérenchies, Helleville, Mairie de Carnin, grand bailli des bois et forets du Roi en son pays de Hainaut.

Le Paiage ou **Péage**, à Carnin, deux fiefs vicomtiers tenus du châtelain de Lille, de sa cour et halle de Phalempin, à 10 livres de relief chacun, comprenant l'un quatre bonniers onze cents d'héritage et des rentes, l'autre trois cents et demi d'héritage et des rentes.

Guillebert de Carnin, écuyer, 1389; — Jean de Carnin, 1456. — Antoine du Paiage; — son fils Guy du Paiage. — Jean de Courcelle, marchand à Lille, par achat de Guy du Paiage, 1502. — Wallerand Deliot; — ses fils Hubert et Maximilien Deliot, 1560. François Van Hoy Queslot, par retrait lignager à la vente faite par Maximilien Deliot. — Jacques-François Denis, écuyer, seigneur de Péage, figure parmi la noblesse du baillage de Lille qui prit part à l'élection des députés aux États généraux en 1789.

Le **Huitième**, à Carnin, tenu de la baronnie de Cysoing à 10 livres de relief; consistant en rentes et en terrages.

Philippe d'Oignies, chevalier, seigneur dudit lieu, 1595.

CHEMY

Ce village est connu, sous le nom de Wachemy, depuis la fondation de la collégiale de Saint-Pierre de Lille.

Marie-Albertine de Wasselin, dame de Chemy, fille d'Antoine-Philippe, chevalier, seigneur de Proville, Lannoy, Mauchicourt, etc, gouverneur de La Gorgue, et de Marguerite-Françoise de Pally, 1608.

Haillies, à Chemy, fief vicomtier tenu d'Allennes. — Douze bonniers et demi, — trois plaids généraux.

Marie Poulain d'Hénin-Liétard, épouse d'Alard Le Preud'homme, morte sans génération. — Philippote Poulain d'Hénin-Liétard, sœur de Marie, et dame héritière d'Haillies, épouse de Jean Le Preud'homme, neveu d'Allard et échanson de Philippe Le Bon en 1458. — Leur fils Jean II Le Preud'homme, chevalier, seigneur d'Haillies, Halluin, Lupecourt, maire d'Annappes, grand écuyer de la reine de Castille, chancelier et chambellan de Charles, roi d'Espagne, futur empereur d'Allemagne ; allié par contrat de l'an 1505 à Anne de Thouars, et mort en 1533. — Leur fils Charles, chevalier, maire héréditaire et ensuite seigneur d'Annappes, époux de Barbe Le Blancq et mort en 1561.—Leur fils Jean III, seigneur d'Annappes, mort sans postérité en 1588. — Haillies fut vendu à Antoine Le Mieuvre, bourgeois et marchand de Lille, mais retrait par Jean de Beaufort, à titre de proximité lignagère. — En 1595 à François de Beauffremez dont la seconde femme Madeleine de Bercus était nièce par sa mère de Jean III de Preud'homme, morte en 1609. — Leur fils Jean de Beauffremez, chevalier, grand bailli du Cambrésis, vendit la seigneurie d'Haillies et acheta celle d'Esnes.

Le Paradis, à Chemy, tenu de la Salle de Lille à 10 livres de relief, contenant dix cents de terre près de la Justice de Phalempin, sur le fossé de La Naive.

Jean de Beauffremez, chevalier, seigneur d'Haillies, d'Esle ; — Gilles Maerten, par achat du précédent le 14 mai 1611.

GONDECOURT

Fief vicomtier tenu de la baronnie de Cysoing à 10 livres de relief, comprenant vingt-six bonniers, cent vingt-cinq verges, des rentes sur trente bonniers, six cent cinquante verges, un terrage du neuf gerbes du cent sur quatorze bonniers, trente hommages parmi lesquels le Pré, le Bois, le Quint du Bois, Carnin, Prouville, Bapaume, Péronne et le Has à Gondecourt,

Collart de Gondecourt, 1155.—Robert de Gondecourt, 1166 (cart. de Marchiennes f° 134). — Bugo de Gundecurt, 1183. (Van Lokeren, Saint-Pierre de Gand, 334. — Éloi et Alard de Gondecourt, frères, 1184. (Acte de l'abb. de Phalempin). — Hellin de Gondecourt, 1209. Robert de Gondecourt, chevalier, 1231. (Arch. de l'abb. de Loos, 102). — Jean de Gondecourt, 1288. — Werin de Gondecourt, (Souvenirs de la fl. wall. T. 10, p. 23).— En 1324, cette terre appartenait à Isabeau d'Antoing, vicomtesse de Melun, qui la donna en 1342 à son neveu Gérard d'Antoing, chevalier, seigneur de Has, mort en 1356, époux en secondes noces d'Isabeau d'Auberchicourt, fille aînée de Bauduin, chevalier, seigneur d'Estaimbourg. — Leur fille Isabeau d'Antoing, dame de Gondecourt, alliée au sieur de Sainte-Aldegonde. -· Leur fils Jean de Sainte-Aldegonde, mort sans génération. — Isabeau de Sainte-Aldegonde, sœur héritière de Jean, épouse de Jacques Bethe d'Hollehain, seigneur de Bouvignies, Estaimbeourg, etc. — Leur fils Jacques d'Hollehain, seigneur d'Estaimb·urg, Bouvignies, Has, etc, mort en 1483, époux de Marguerite d'Halluin. — Leur fils Wallerand d'Hollehain, seigneur de Gondecourt qui passa cette seigneurie à son neveu Guillaume, père de Robert et de Françoise d'Hollehain. — Robert vendit la seigneurie à Guillaume Le Blancq seigneur d'Houchin; Françoise qui avait épousé Gauthier de La Broye, la reprit à titre de proximité lignagère. — Jean de La Broye, leur fils, seigneur de Gondecourt et d'Estaimbourg, épousa Anne de Binast qui lui donna deux fils : l'aîné mourut seigneur d'Estaimbourg et de Gondecourt, le cadet Guillebert et de La Broye, héritier de son frère, épousa en 1590 Hélène de La Pierre. — Leur fils Antoine de La Broye, seigneur de Gondecourt, mort en 1641. — Jean de La Broye, père d'Antoine, chevalier, seigneur d'Estaimbourg et de Gondecourt, mort en 1676, époux de Claudine-Anne-Marguerite de La Pierre, morte en 1686. — La seigneurie de Gondecourt fut vendue à Henri de Broide, seigneur de Bauffremez Escobecques, etc, conseiller de la ville de Lille en 1694. — Sa fille Florence de Broide, héritière de Gondecourt, épousa Jérôme-Alexis Robert, seigneur de Choisys. — Leurs enfants. — Robert, baron de Saint-Symphorien, seigneur de Gondecourt, fit défaut l'assemblée de la noblesse appelée à élire des députés aux États généraux en 1789.

Le Bois, à Gondecourt, hommage de la Seigneurie de Gondecourt.

Huiot, seigneur du Bois, époux de Jacqueline de Bouverie. — — Leur fille, Marguerite du Bois, épouse de Jean de la Broye, écuyer; elle vivait en 1431. — Jean II de La Broye, leur fils, seigneur du Bois, qui d'Isabeau de Vlieghe laissa cinq enfants : Gauthier, l'aîné, épousa Françoise d'Hollehain, dame de Gondecourt; Jean, le cadet, seigneur du Bois, mourut le 27 janvier 1574, ayant épousé Vincente Le Sénéchal, dame de Vieusailly. — Leur fils, Antoine de La Broye, seigneur du Bois, de Prouville, de Vieusailly, mort le 25 février 1622, ayant été marié à Jeanne Bernard, qui le fit père de Florent, capucin, sous le nom de Père Quentin.

Le Quint du Bois à Gondecourt, hommage de Gondecourt.

A Germain Petipas, seigneur de Marcoing et de la Mousserie, 1595.

Prouville, à Gondecourt, hommage de Gondecourt.

A Antoine de La Broye, mort le 25 février 1622.

Bapaume, à Gondecourt, hommage de Gondecourt.

A Adrien d'Oignies, seigneur de Villerval, 1595.

Péronne, à Gondecourt, hommage de Gondecourt.

A Jean Berthier, 1595.

Le Has, à Gondecourt, hommage de Gondecourt, sur le chemin de Has à Avelin.

A Bauduin de Croix, écuyer, seigneur de Wayembourg, 1595

Le Pré, à Gondecourt, fief vicomtier tenu de Gondecourt à 10 livres de relief.

Mahieu Castelain, seigneur du Becquerel et de Wattignies, 1585.

— Jeanne Castelain, sœur et héritière de Mahieu et veuve de Charles d'Appelteren, 1620. — Madeleine d'Appelteren, leur fille, épouse de Philippe de Kessel, chevalier, seigneur de Milleville, 1622. — Michel de Kessel, fils de Philippe, 1671. — Philippe-Albert de Kessel, fils de Michel, comte de Wattignies, seigneur de Flers, Lesquin, etc., mort le 9 avril 1742. — Philippe-Charles de Kessel, mort sans postérité en 1747. — Son cousin, Philippe-André de Baudequin, écuyer, seigneur de Sainghin. — Philippe-Joseph de Baudequin, petit-fils de Philippe-André, mort sans alliance en février 1765. — Marie-Claire-Joseph du Baudequin, sœur et héritière universelle de Philippe-Joseph, épouse de François-Philippe-Nicolas-Ladislas, comte de Diesbach, baron du Saint-Empire, officier-major au régiment des gardes suisses en France, 1775.

La Mairie de Gondecourt, tenue en justice vicomtière du chapitre de Saint-Piat de Seclin.— 4 bonniers 7 cents, et 25 cents composant la seigneurie de **Mezedon**, à Gondecourt, tenue en en justice vicomtière du Châtelain de Lille à 7 sous 6 deniers de relief; rentes diverses.

Marie Warin, dame de la Mairie de Gondecourt, veuve en 1453 de Barthelémy de Hangouart, écuyer, seigneur de Molin; — leur fils Barthelémy Hangouart, écuyer, maire de Gondecourt, prévôt de Lille, roi de l'Épinette en 1453, époux de Jeanne de Landas, qui était veuve en 1476. — Leur fils Baudouin, maire de Gondecourt, qui se fit chanoine de Phalempin; — Guillaume Hangouart, son frère, écuyer, seigneur de Molin, maire de Gondecourt, marié le 23 novembre 1480 à Jeanne Des Plancques, dame de Pommereau et de Piettre, morte 6 mai 1525 et inhumée dans l'église de Saint-Étienne à Lille;—leur fils Guillaume II, chevalier, seigneur de Piettre et de Pommereau, conseiller de l'empereur Charles-Quint et président du Conseil provincial d'Artois, mort à Arras le 28 février 1546 et inhumé dans l'église de Saint-Étienne à Lille; il avait épousé, le 11 septembre 1515, Catherine Le Cocq, fille de

Hugues.—Leur fils Guillaume III, écuyer, seigneur de Pommereau, et de Molin, mort le 19 décembre 1600 et inhumé à Saint-Étienne de Lille; il avait épousé Antoinette de Croix, dite de Drumez, fille de Pierre de Croix, seigneur de La Fresnoy, et de Marguerite Ruwel, dame d'Elcourt et de la Vigne.—Leur fils Barthelémy Hangouart, seigneur d'Elcourt, de Piettre, de Pommereau et du Ploich, créé chevalier le 26 février 1611, époux de Marie de Pressy, morte le 1er février 1616 et enterrée à Saint-Etienne à Lille. — Leur fils, Michel de Hangouart, seigneur de Ransard, Piettre, Ploich, Pommereau, fait chevalier le 10 mai 1640, seigneur d'Elcourt par la mort de son frère aîné, et depuis des villages d'Avelin et de La Madeleine dont il fit l'acquisition; mort en 1699, époux d'Anne-Marie Le Preud'homme d'Haillies, inhumée ainsi que son mari aux Collectines de Lille dont ils étaient les fondateurs. — Leur fils, Barthelémy - François - Joseph de Hangouart, baron d'Avelin, seigneur du Ploich, Seclin, Marcq, etc., mort en 1710, époux de Françoise-Isabelle de La Vichte, inhumée comme son mari aux Collectines de Lille. — Leur fils, Charles-Philippe, comte de Hangouart, chevalier, seigneur d'Avelin, de Seclin, Marcq, Autreuille, Attiches, etc., mort le 19 novembre 1749, époux de Marie-Charlotte Snoy, baronne d'Oppuers, morte à Lille et inhumée aux Collectines de cette ville. — Leur fils, Antoine-François-Joseph de Hangouart, seigneur d'Avelin, de Seclin, Marcq, Autreuille, Attiches, La Madeleine, maire de Gondecourt, marié le 13 avril 1737 à Marie-Anne-Françoise Le Preud'homme d'Haillies, vicomtesse de Nieuport; — leur fils François-Augustin-Anne-Hubert Collette, né à Gand, le 11 avril 1747.

HERRIN

Fief vicomtier tenu du Châtelain de Lille en pairie du château de Plouich; comprenant en cinq fiefs un manoir sur motte entourée d'eau, 17 bonniers 6 cents de terre ahanable, des rentes sur 30 hôtes et 40 tenants, 14 hommages.

Le Châtelain de Lille percevait à Herrin un droit sur les bêtes qu'on menait paître au marais et un droit sur les habitants qui y allaient faire tourbes.

Seigneurs de Herrin : — Gonter de Herrin, 1231 (Arch. de l'abb. de Loos, N° 102). — Jean, seigneur de Herrin, chevalier, 1279 (cart. de S. Pierre de Lille, N° 433). — Gauthier de Herrin, fils de Jean de Carnin, 1295; — Jean, sire de Herrin, 1302. — Jean de Herrin, écuyer, fils de messire Ansel, 1389. — Robert, seigneur de Herrin et de La Broye, époux de Marguerite de Rosembois, 1423, 1456. — Leur fils Antoine, seigneur de Herrin, de Breusse et de l'Espesse, époux de Jeanne de Roisin, 1511. — Leur fils Antoine II, seigneur de Herrin et de Breusse, époux d'Antoinette Hesmeron. — Leur fils Antoine III, chevalier, seigneur de Herrin et de Breusse, époux de Françoise de La Fosse de Givenchy. — Leur fille Françoise de Herrin, dame de Herrin et de Breusse, épouse de Renom de Longueval, seigneur d'Escoivres, mort le 20 janvier 1564. — Leur fils Louis de Longueval, seigneur d'Escoivres et de Herrin, mort le 2 novembre 1590. — Son fils Louis de Longueval, seigneur d'Escoivres, mort le 21 décembre 1611 au Collége du Roi à Douai.

Rouvroy à Herrin, fief demi-lige tenu de la Seigneurie de Herrin, contenant un manoir et 9 rasières de terre tenant au lieu seigneurial de Herrin.

Guillaume Laschier, 1504. — Jeanne Laschier, veuve de Guillaume Castelain; — Agnès Du Gardin, nièce et héritière de Jeanne Laschier, et épouse de Robert Lamict.

LA NEUVILLE-EN-PHALEMPIN

Domaine du châtelain de Lille qui y percevait des rentes en

argent, en blé, avoine, oies, chapons, agneaux, etc. — 6 muids de blé avaient été donnés à la chapelle de Neuville, édifiée et fondée, en 1336, sous le vocable de Sainte-Catherine, par Guyote de Ligny, châtelaine de Lille. Les hôtes et tenants de ce lieu ne devaient ni relief au trépas, ni droit seigneurial à la vente, don ou transport. Et était ladite ville, ville de loi et d'arrêt, c'est-à-dire que le châtelain y commettait et renouvelait 7 échevins et que l'arrêt de corps pour dettes et actions personnelles y avait lieu. La Neuville avait ses coutumes locales et particulières.

PHALEMPIN

Domaine du châtelain de Lille, comprenant une grande place en laquelle était une halle aux plaids, des prisons et des fourches patibulaires ; un moulin à Wedde ; sur la place au Marais, 24 bonniers de terre ahanable, trois viviers, un petit bois d'un bonnier, des rejets et flégards, des rentes en argent, en froment, avoine, chapons, gélines, etc. ; un marais commun. — Coutume locale. — Sous Louis XIV, la terre de Phalempin était engagée à M. de Roussereau. (Voyez : *Châtellenie héréditaire de Lille*, § IX).

Phalempin était le chef-lieu de la châtellenie héréditaire de Lille ou fief du châtelain, dont suit la description :

CHATELLENIE HÉRÉDITAIRE DE LILLE OU FIEF DU CHATELAIN;

COUR ET HALLE DE PHALEMPIN.

1. Origine des châtelains et de la châtellenie de Lille. — Sous les Francs, l'administration était organisée en comtés. Les comtes étaient des officiers, *proceres*, investis du triple pouvoir judiciaire, administratif et militaire, dans un ressort personnel que le roi leur assignait à son gré. Des lieutenants nommés par eux les suppléaient, sous le titre de vicaires, dans les différents districts ou vicairies du comté. C'est de ces vicaires et vicairies que naquirent les châtelains et les châtellenies.

Avec l'investiture de son office ou honneur, *honor*, l'officier recevait, non en propriété, mais à titre d'usufruit et sous l'obligation d'assistance et de fidélité, une concession de terres appelée bénéfice, *beneficium*. Sous les faibles successeurs de Charlemagne, ces bénéfices et honneurs jusques-là amovibles, devinrent par gradation héréditaires, c'est-à-dire de véritables fiefs. Charles-le-Chauve, en promettant aux grands, qui étaient ses hommes ou féaux, la survivance de leurs bénéfices et honneurs, les chargea par le capitulaire de Quierzy d'en agir pareillement envers leurs hommes, *hominibus suis similiter conservare studeant*. Dans notre pays, l'intérêt public fit une obligation rigoureuse de cette réciprocité. Bauduin Bras-de-Fer, qui avait reçu en bénéfice dotal toute la région comprise entre l'Escaut, la Somme et l'Océan, à charge de la défendre contre les invasions sans cesse renaissantes des Normands, devait nécessairement ménager et s'attacher tous les chefs des Flamands; ni lui, ni ses successeurs ne purent refuser à leurs hommes ou féaux ce que le capitulaire leur assurait d'ailleurs. De même aussitôt que Hugues Capet eut rendu héréditaires, à charge de foi et hommage, les bénéfices des comtes avec la juridiction qu'ils exerçaient, les officiers qui les suivaient hiérarchiquement, et ainsi les vicaires, se crurent fondés à exiger pareillement, et à même charge de foi et hommage, l'hérédité des bénéfices qu'ils tenaient d'eux avec la juridiction qu'ils exerçaient.

Les grands gouvernements en devenant héréditaires reçurent successivement une délimitation déterminée et un titre analogue à celui du titulaire, comme duché, marquisat, comté; il en fut ainsi de leurs divisions. Le ressort d'une vicairie ou lieutenance dont le siége était établi dans un château, *in castro*, prit le nom de châtellenie. Au IXe siècle, à l'époque de l'invasion des Normands, la Flandre, jusques-là désarmée et accessible, se couvrit de forteresses qui devinrent autant de siéges de vicairies et dans chacune desquelles fut constitué un officier chargé de conserver la

2

place elle-même et de protéger les populations d'alentour. O
trouverait là le berceau de la châtellenie de Lille, si on n'éta
. porté à la considérer comme la tradition d'une vicairie plus ancienr
encore.

Castrum, Castellum, d'où castel, chastel, château, désigr
chez nos plus vieux chroniqueurs une forteresse placée d'ordinaiı
sur une éminence ou motte, au bord d'un rivière, et destinée nor
seulement à défendre le bourg aggloméré peu à peu sous so
ombre, mais encore à protéger le pays environnant dans un certaı
rayon. Tel devait être le château Du Buc qui, de sa position a
milieu des eaux de la Deûle, dont il était entouré, reçut le noı
de château de Lille, *Castrum Isla nomine, Castrum Islense, Ca:
tellum Insulense,* nom qu'on rencontre pour la première fois daı
un acte de 958-961, et sous lequel il faut sans doute comprendre
outre le château lui-même, une enceinte fortifiée du genre d
celles qu'on appelait *burg.*

Les traditions assignent au château Du Buc une haute antiquit.
Bâti, selon les uns, lors de la conquête des Gaules par Julε
César, ou suivant une chronique anonyme sous le règne d'Alexandrε
Sévère, ce château aurait été la demeure des gouverneurs subal-
ternes que les Romains eurent dans le pays jusqu'à l'invasion des
Francs. Un officier des rois mérovingiens aurait, après les Romains,
établi son siège au château Du Buc où se seraient succédé plusieurs
personnages de la même famille, remplacés ensuite par Phinaert,
et sous Clotaire II, Lydéric, premier forestier de Flandre, vain-
queur du tyran Phinaert, aurait fixé son séjour dans cette forteresse, dont il retint le nom et autour de laquelle les populations
voisines, trouvant toute sécurité, auraient groupé leurs habitations
et ainsi donné naissance à la ville de Lille. Lydéric Du Buc est le
héros d'une légende répétée partout.

On s'est peut-être trop hâté de repousser absolument ces traditions et ces légendes qui, sous leur voile peu transparent, sans
doute, peuvent néanmoins cacher quelques vérités historiques
obscurcies et altérées par les siècles. Pour moi, je suis disposé à

admettre, sinon l'origine romaine du château du Buc, du moins son existence sous les deux premières races et à y voir le siége d'un vicaire ou lieutenant des officiers royaux qui, forestiers, marquis ou comtes, ont gouverné le pays jusqu'à l'avénement du régime féodal. Le *Pagus Tornacensis* était, en 909, divisé en vicairies : *In pago vel comitatu Tornacensi, in vicaria Tornaico super ripam Scaldi fluminis.* (Champollion, *Documents inédits,* 1, 478. — Duvivier, *Recherches sur le Hainaut,* codex xx); est-ce aller trop loin dans le champ des conjectures que de placer *in Castro Islense* le siége de l'une d'elles dont l'institution remonterait même à quelques siècles de là ? A partir de 958, le fait paraît hors de doute, le castrum existant suppose la présence de gouverneurs qui ne pouvaient être alors que des vicaires prédécesseurs des châtelains. C'est probablement dans la seconde moitié du XI° siècle que les vicairies se sont converties en châtellenies ; on ne rencontre guère avant cette époque les dénominations de châtellenie et de châtelain, et il y a tout lieu de croire qu'à Lille, cette transformation en office féodal et héréditaire s'est achevée sous Roger l'Ancien. (Mes *Châtel ins de Lille*).

II. Acceptions diverses du mot Châtellenie. — La dénomination de Châtellenie de Lille, qui, dans son sens propre, originel, s'appliquait au ressort personnel légué par le vicaire au châtelain, et qui par extension désignait l'office même dont le siége était le château de Lille, a pris plusieurs acceptions qu'il convient de dégager. Dans le sens le plus général et le plus étendu elle s'appliqua à la contrée considérée comme division du comté de Flandre. A ce titre, la châtellenie de Lille fut, dans l'organisation du régime nouveau, l'un des grands fiefs dominants dont relevèrent les domaines particuliers compris dans leur circonscription, l'un des ressorts où s'exercèrent l'autorité et la juridiction suzeraines réservées au comte comme seigneur de tout le pays. Par extension aussi la châtellenie désignait cette juridiction même, et cette distinction est nécessaire, car certaines terres, bien que situées territorialement dans la châtellenie de Lille, étaient dites n'en pas faire partie parce qu'elles ne ressortissaient pas à la juridiction du comte. Le siége de cette cour féodale dont le châtelain fut le chef en sa qualité de représentant du suzerain, fut établie en un manoir seigneurial que Bauduin V fit bâtir près du château du Buc et qu'il décora du nom de Palais de la Salle. Le châtelain de Lille et tous les vassaux du comte dans le même ressort tinrent leurs fiefs en hommage de la salle de Lille.

Mais dans un sens tout particulier qu'on lui conserve ici, le châtelain appelait *sa châtellenie* ou *son fief de la châtellenie* de Lille, son bénéfice et honneur héréditaire, c'est-à-dire son office et le domaine propre qui y était attaché, reconnaissant tenir l'un et l'autre en foi et hommage du comte de Flandre. *(Ibidem)*.

III. Office des châtelains de Lille, leurs attributions judiciaires et administratives. — Représentants à Lille et dans la châtellenie de l'autorité suzeraine du comte de Flandre, les châtelains y exercèrent, jusques dans le XIII° siècle, toute sa juridiction, non directement par eux-mêmes, mais par les pairs de la châtellenie et par les échevins du bourg, lesquels pairs et échevins rendaient la justice sous leur direction. Mais plusieurs causes vinrent dès lors restreindre successivement cette juridiction primitive des châtelains que le prince et les populations semblaient ne plus supporter qu'avec impatience.

D'abord, la création du Bailliage de Lille dont le siége fut établi dans ce Palais de la Salle bâti par Bauduin V. Là furent désormais jugées au conjurement d'un bailli et par les hommes de fief du comte toutes les causes qui intéressaient les vassaux dans la châtellenie, causes distraites par conséquent des attributions du châtelain. — Il y avait dans la châtellenie de Lille, comme ailleurs, un certain nombre de terres allodiales qui, bien qu'elles ne reconnussent pas de seigneurs suzerains directs, relevaient néanmoins de la salle de Lille et étaient soumises à la juridiction souveraine du comte exercée par son représentant le châtelain. Celui-ci, pour les causes qui intéressaient cette classe de domaines particuliers, tenait une cour spéciale, *Timallum*, assisté d'échevins désignés sous le nom d'échevins du *Timall*, *Scabini de Timallo*, ou des Timaux, car cette cour se tenait trois fois par an. Ici encore le bailli fut substitué au châtelain.

D'un autre côté, l'érection de la commune de Lille qui prit naissance à la fin du XII° siècle, anéantit la prédominance du châtelain dans la ville. La part qu'il avait conservée dans l'administration de la justice fut dévolue au prévôt, et sauf quelques droits qui rappelèrent son pouvoir éteint, il n'y eut plus entre lui et la commune que des devoirs réciproques et réglés. — En 1218, la comtesse Jeanne accorda à ses bourgeois de Seclin les mêmes loi, liberté et coutumes dont jouissaient ses bourgeois de Lille ; ce qui atténua singulièrement aussi l'importance du châtelain dans cette ville. — Quatre autres terres dans la châtellenie, Halluin, Annappes, Frelinghien et Prémesque, faisaient partie du patrimoine des comtes de Flandre. Ceux-ci y exerçaient leur autorité et leurs droits par le châtelain de Lille, par des maires et des prévôts, et par des échevins établis dans chacune de ces localités. Là encore le bailli de Lille fut substitué au châtelain.

Enfin, le dernier coup porté au pouvoir judiciaire du châtelain, fut l'établissement à Lille, au XIV° siècle, quand cette ville passa sous la domination de Philippe-le-Bel, d'un gouverneur, chef du Bailliage royal ou souverain Bailliage de Lille dont la juridiction s'étendit sur tous les villages de la châtellenie. Il ne resta au châtelain de Lille de ses anciennes attributions judiciaires et administratives, et comme souvenir de sa première puissance, qu'une certaine participation à l'exécution des sentences criminelles et aux amendes prononcées par devant les officiers qu'on lui avait substitués successivement. Encore, cette part dans les amendes lui fut-elle contestée pour les cas royaux dont la gouvernance du souverain Bailliage tendit sans cesse à étendre le cercle, et pour la portion qui excédait le taux coutumier de 60 livres. — Il garda néanmoins une sorte de suzeraineté sur les pairies héréditaires de la châtellenie, sur les sept offices des sergents de la Baillie de Lille, et le droit de haute justice sur les terres du patrimoine attaché à son titre droit qui lui fit place aux États de la province comme premier des quatre hauts-justiciers qui, par leurs baillis, y représentèrent la châtellenie de Lille. *(Ibidem)*.

IV. Attributions militaires des châtelains de Lille.

— Les châtelains de Lille ne conservèrent guère plus longtemps dans leur intégrité les attributions militaires dont ils étaient investis. A l'origine, ils durent commander tous les vassaux du comte dans la châtellenie ; mais le comte de Flandre, comme les autres princes, intéressé à s'attacher de nombreux barons et à stimuler leur dévouement, fut amené à attribuer successivement à ceux-ci des honneurs et des dignités qui distrayaient les titulaires et leurs vassaux du commandement des châtelains, de telle sorte que le ressort militaire de ces derniers fut de bonne heure circonscrit dans Lille et Seclin, dans les pairies qui les reconnaissaient pour suzerains, dans les possessions allodiales des abbayes dont ils étaient les avoués et dans les terres héréditaires attachées à leur titre.

Le châtelain de Lille prenait les armes non-seulement au nom du comte, mais encore au nom de la ville dont il commandait les troupes comme chevalier banneret, *signifer*. C'était la première obligation de sa charge et il ne la déclinait que dans le cas d'empêchement sérieux. Il fut ainsi le défenseur né de la cité tant qu'elle resta soumise à ses anciens seigneurs ; mais lorsqu'au commencement du XIVᵉ siècle, elle passa sous la domination de Philippe-le-Bel qui, outre les gouverneurs, y établit des commandants militaires, le rôle du châtelain, devenu secondaire, fut borné au commandement de la milice communale dans certains cas déterminés. En 1369, la Flandre wallonne changea de maître ; les villes de Lille, Douai et Orchies, furent rendues à Louis de Mâle ; mais le châtelain féodal, déjà mis à l'écart sous le rapport judiciaire et administratif, ne reprit point davantage sa prépondérance militaire. Il conservait bien le commandement particulier de la milice bourgeoise quand elle était requise pour un service extérieur; mais l'insouciance et le dédain pour des fonctions devenues inférieures à son rang social, le rachat de l'obligation du service militaire, et enfin l'usage des troupes réglées finirent par éteindre aussi ce souvenir des hautes attributions sur lesquelles avaient reposé sa première fortune et sa puissance comme officier.

Dans ses querelles privées tous les hommes de son ressort lui devaient assistance quand il les requérait. Toutefois le service d'ost et de chevauchée dans l'intérêt particulier du châtelain subit certaines restrictions consignées au XIII° siècle dans les lois des avoueries et dans le serment des magistrats de Lille. L'extinction progressive des guerres privées finit par annihiler une prérogative qui avait pu rendre le châtelain de Lille redoutable à ses ennemis dans un temps où la société était placée en quelque sorte sur un pied de guerre continuelle et où l'on n'avait pour ainsi dire que la force à opposer à la force. *(Ibidem.)*

V. Devoirs du châtelain envers la commune de Lille.
— Suivant le serment qu'il prêtait à la commune, le châtelain de Lille devait aide et protection aux bourgeois de cette ville; gardien vigilant de leurs droits et de leurs franchises, il devait les défendre envers et contre tous, même contre le bailli de Lille, à moins qu'un ordre formel du comte, seigneur de la terre, ne l'en empêchat. En ce cas il était tenu d'aller par trois fois s'il était nécessaire et à ses frais, vers ledit seigneur, le prier et le faire prier par ses amis de gouverner la ville suivant ses lois.

Quand un bourgeois était arrêté dans la châtellenie pour quelque cause que ce fût, le châtelain était requis de le délivrer et d'unir ses forces à celles de la commune pour le secourir lorsqu'il était en péril dans son corps ou dans ses biens. — Si un bourgeois était battu, navré ou tué par un forain ayant une maison dans la châtellenie, tous les bourgeois et les manants allaient faire la vengeance de la ville. Cette vindicte communale, connue sous le nom de droit d'Arsin, consistait à brûler et à raser entièrement la maison du coupable qui ne se soumettait pas au jugement des échevins. Le châtelain devait, par lui même ou par un personnage suffisant, conduire la commune et la ramener sauve quand tout était accompli.

Le ban qui appelait aux armes hors des murs les bourgeois et les manants était publié à Lille au nom du châtelain comme en celui du prince. Le ban et l'arrière-ban étant criés, le châtelain devait se rendre à Lille avec ses vassaux et les hommes de ses avoueries, pour les réunir à la commune. Il prenait en personne le commandement de ces troupes et les conduisait bannières déployées rejoindre l'armée. S'il avait quelque excuse légitime pour ne pas remplir lui-même cette obligation, il devait envoyer à sa place un chevalier capable de conduire, commander et ramener la commune avec ses bannières jusques dans la ville. — Quand il s'agissait de défendre la place elle-même, le châtelain, à la réquisition des échevins, était tenu de se rendre à Lille à ses frais avec ses pairs du château. (Voir *Roisin.*)

VI. Devoirs de la commune de Lille envers le châtelain. — Par réciprocité, si le châtelain avait besoin du secours de la ville, elle devait l'aider à sauver son corps et sa terre dans toute l'étendue de la châtellenie, et la commune était tenue d'y aller en armes; mais les expéditions entreprises pour la défense du châtelain ne devaient pas durer plus d'un jour : « Ensi que de » solel luisant doit yssir de le ville et de solel luisant doit rentrer » en li ville. » Si le châtelain avait besoin d'armes qui fussent en la possession de quelques bourgeois, on devait les lui livrer pourvu qu'il en restât assez au bourgeois pour son corps et celui des hommes de sa maison selon leur état. — Si en temps de guerre, le châtelain s'enfermait dans la ville avec ses hommes, on devait lui procurer de bonnes et loyales denrées pour lui et pour sa troupe. — Le châtelain avait le droit d'entrer dans la ville et d'en sortir à volonté, et défense était faite de prêter ni armes ni chevaux à ses ennemis et de leur faire amitié tant qu'ils étaient en guerre avec lui

Et si le seigneur de la terre voulait agir illégalement contre le châtelain , la ville devait envoyer à ses frais prier le dit seigneur de n'en rien faire. — Il était bien entendu que la ville devait secourir le châtelain contre tous excepté contre le seigneur de la terre , c'est-à-dire contre le comte de Flandre. — La ville jurait d'accomplir toutes ces choses envers le châtelain , après qu'elle avait reçu de celui-ci le même serment pour ce qui le concernait.

Le châtelain jouissait à Lille d'une franchise qui lui permettait de revendiquer sa juridiction sur ses vassaux attraits en justice , en le déclarant non justiciables des échevins, comme tenant fief de lui , et en se portant garant pour eux , sauf a les faire juger par ses hommes. Toutefois , pour être ainsi garanti par les officiers du châtelain , il fallait tenir de lui immédiatement un fief qui valût au moins cent sous de revenu. (Voir *Roisin.*)

VII. **Avoueries des châtelains de Lille.** Quand des agrandissements successifs , des acquisitions territoriales nombreuses et surtout des libéralités considérables eurent élevé les congrégations religieuses à un degré de prospérité capable d'exciter la jalouse cupidité de leurs voisins , elles sentirent la nécessité de recourir à la protection d'un seigneur séculier dont la puissance leur offrît contre les agressions du dehors une garantie que leur caractère de sainteté ne suffisait pas pour leur assurer. Ce fut l'origine des avoués, *advocati*, dénomination qui désignait de hauts personnages chargés de défendre et de protéger les communautés ecclésiastiques, de conduire leurs hommes à la guerre et porter eurs bannières, et d'assurer l'exécution des sentences de leurs uges.

Les seigneurs qui fondaient chez eux des monastères , s'en constituaient souvent eux-mêmes les protecteurs ; mais pour les communautés ecclésiastiques qui possédaient des domaines considérables loin de leur siége principal et loin de la résidence de leur haut-avoué , naissait l'obligation d'y établir des sous-avoués. Généralement cette charge était dévolue aux châtelains dans la circonscription desquels ces domaines étaient situés, et qui par leurs attributions judiciaires et militaires étaient les mieux posés pour la remplir. C'est ainsi que le châtelain de Lille était en cette qualité l'avoué de l'abbaye de Saint-Vaast d'Arras, pour les trois villages d'Annœullin, de Bauvin et de Mons-en-Pévèle; de l'abbaye de Saint-Trond en Hesbaye, pour le village de Provin en Carembaut; de l'abbaye de Saint-Pierre de Gaud, pour les villages de Camphin en Carembaut et d'Ennetières en Weppes; de l'abbaye de Saint-Quentin en l'Isle pour les terres qu'elle possédait à Sanghin en Mélantois; de l'abbaye de Saint-Bertin à Saint-Omer, pour les biens qu'elle possédait à Salomé; de l'abbaye de Saint-Pierre de Gorze pour sa maison de Heurtevent.

Deux accords passés l'un en 1220, avec l'abbaye de Saint-Vaast, l'autre en 1225, avec l'abbaye de Saint-Pierre, réglaient les attributions et les droits du châtelain dans ses avoueries principales. Chacune d'elles devait livrer au châtelain de Lille des hommes, des chars et des chevaux toutes les fois qu'il allait à la guerre en chevauchée du roi ou du comte. Dans ses guerres privées, tous les hommes de ses avoueries, sous peine d'une amende de 20 sous, lui devaient service, mais, dit l'accord de 1220, dans sa châtellenie seulement, jusqu'à Ostricourt et non plus loin.

Au châtelain appartenait dans ces avoueries, la connaissance quant à l'exécution seulement, du meurtre, du rapt, de l'incendie et du vol de grand chemin. — Quand un coupable, au dire des échevins et hommes de fief des avoueries, avait mérité la mort, le jugement et l'exécution devait se parfaire par le bailli et les hommes du châtelain. Les biens meubles du supplicié appartenaient audit châtelain, les immeubles au seigneur foncier. — Si après jugement des échevins et hommes de fief les parties en appelaient au combat singulier, le châtelain faisait juger l'appel par ses hommes et disposait du corps et des meubles du vaincu. — Si quelques fieffés des avoueries dans la châtellenie de Lille se provoquaient en champ clos pour meurtre, rapt, incendie, vol ou rapine, ils étaient jugés par leurs pairs ou hommes fieffés des avoueries; mais dès que les combattants étaient entrés en lice, toute juridiction sur eux appartenait au châtelain qui pouvait s'emparer du corps et des meubles du vaincu.

Le châtelain intervenait dans la déposition, le renouvellement et la réception des échevins des avoueries. Les lois, chartes et ordonnances qui régissaient ces avoueries étaient concertées entre lui et les abbés. Les bans de police étaient publiés en son nom comme en celui des abbés. Il percevait généralement la moitié des amendes prononcées par les échevins pour délits et forfaits et dans les successions; il prélevait également la moitié des rentes foncières qui excédaient trois sous. Moyennant ces droits généraux et quelques droits spéciaux énoncés dans les accords, le châtelain devait en bon avoué défendre les abbayes, les habitants des avoueries et leurs biens.

Les progrès de la puissance souveraine avaient rendu, dès la fin du XIV⁰ siècle, les avoués à peu près inutiles ; mais peu renoncèrent aux bénéfices d'une charge dont les obligations n'étaient plus que nominales. Les droits et revenus que le châtelain retint de ses avoueries se retrouvent énumérés dans les aveux et dénombrements successifs de son fief à partir de 1389.

Chacune de ses avoueries devait livrer au châtelain un char à quatre chevaux toutes fois qu'il allait en ost et chevauchée du roi ou du comte et non autrement. Il n'est plus fait mention d'aide à lui prêter dans ses guerres privées, ni de son intervention dans la nomination des échevins, dans la promulgation des lois, chartes et ordonnances et dans la publication des bans de police. Audit châtelain appartenait en toutes ses avoueries, l'exécution des jugements criminels avec les biens meubles des suppliciés, la connaissance des gages de bataille avec le corps et les meubles du vaincu.

Dans les trois villes de Saint-Vaast, le châtelain avait la moitié des amendes prononcées par les échevins ou par les hommes de fief. Il recevait pour son droit d'avouerie, à Annœullin 40 sous, à Bauvin un demi-marc ou 15 sous 8 deniers, à Mons-en-Pévèle 60 sous douisiens ou 20 sous parisis; sommes assises en taille sur les habitants. Les neufs hameaux de Mons-en-Pévèle : Le Pret, le Hem, Mons-en-Pévèle, Asseuequimont, le Bois, le Hamel, Martinval, Deuville et Loffrehem, lui devaient pour chaque feu, un poussin à la Saint-Christophe, une geline le jour des *Quaresmiaux*, 4 œufs aux Pâques, un demi-agneau à l'Ascension. Le hameau de Loffrehem lui devait en plus, pour chaque maison, 6 havots d'avoine à la Saint-Remi. Tous ceux qui à Mons-en-Pévèle nourrissaient des pourceaux devaient deux deniers de pennage. Les rentes de ce village et des hameaux se nommaient le *Heidebault ;* elles étaient perçues avant même l'accord de 1220 qui les indique.

Dans les deux villes de Saint-Pierre de Gand, le châtelain avait la moitié des amendes prononcées par les échevins excepté des amendes foncières de trois sous; la moitié à l'encontre des religieux de l'avoir de bâtard, de l'épave et de l'estrayer; la moitié des rejets et flégards. Il recevait pour son droit d'avouerie, à Camphin-en-Carembaut 60 sous, à Ennetières-en-Weppes 50 sous 10 deniers assis en taille sous le nom de *Cappe.* On lui payait à Camphin une rente de 60 gelines le jour des *Quaresmiaux;* tous ceux qui y avaient des chevaux lui devaient chacun une corvée pour charier les fiens hors de la cour du Plouich. Le hameau d'Ennecourt à Camphin lui devait, pour chaque feu, une auwe (oie, *avis),* une geline, 4 œufs, un fromage sec ou un denier. Ennetières lui devait 40 auwes, 23 rasières et trois quarts d'avoine.

A Provin, ville de Saint-Trond, le châtelain avait toute justice haute, moyenne et basse, et toutes amendes, sauf celles qui naissaient du fonds. Il recevait un demi-marc d'avouerie ou 15 sous 8 deniers; on, lui payait 12 auwes à la Saint-Remi, et cent sous assis en taille sous le nom de racat des *Quieus (quieus, chieus, quievaus, chievaus,* chevaux, rachat des corvées avec chevaux comme on les devait à Camphin.)

A Sainghin-en-Mélantois où l'Abbaye de Saint-Quentin en l'Isle possédait des terres, le châtelain avait la moitié de toutes les amendes prononcées par les échevins hormis des amendes foncières de 3 sous. On lui devait pour son *escu (servitium scuti)*, service militaire) à cause de 24 courtils et *estoquages aux campz*, 40 sous 4 deniers, 24 agneaux de 14 deniers et 24 corvées de pied.

A Salomé, ville de Saint-Bertin, le châtelain avait comme à Phalempin, toutes les amendes, excepté celles qui naissaient du fonds et de la propriété des héritages des religieux et de leurs sujets.

A Heurtevent, terre de l'Abbaye de Saint-Pierre de Gorze, le châtelain recevait 10 sous de rente à la Saint-Remi. *(Mes Châtelains de Lille.)*

VIII. **Les Châtelains de Lille et l'Abbaye de Phalempin.** — Fondateurs de l'Abbaye de Phalempin, où plusieurs eurent leur sépulture, les châtelains de Lille en étaient les avoués-nés. Ils laissèrent pendant près de deux siècles l'Abbaye jouir librement des héritages qu'elle tenait de leurs libéralités et que Robert-le-Frison, marquis des Flamands, avait déclarés libres de toute servitude, de toute coutume, de toute exaction; mais en 1234, Willaume du Plouich méconnut leurs franchises et voulut soumettre leurs biens et leurs hôtes à sa juridiction. A la suite de compétitions où, au dire de Piétin, ce châtelain se montra assez rigoureux, un accord intervint par lequel furent réglés les droits qu'il exigeait et qu'on ne put lui refuser.

Cet accord de 1234, calqué sur les traités de 1220 et de 1235 qui déterminaient les attributions, les droits et les devoirs du châtelain dans ses autres avoueries, semblait devoir tomber en désuétude dans le siècle suivant en raison même de la décadence progressive du ministère des avoués; mais ceux-ci furent loin de renoncer à toutes les prérogatives qui leur étaient attribuées par ces actes d'un autre temps ou qu'ils s'étaient arrogées depuis. Le dénombrement de 1389 résume ainsi les droits retenus alors par les avoués de l'Abbaye et de son temporel à Phalempin, à Pont-à-Marque, au Mesnil, vers La Bassée, à Marquillies et à Benifontaine. Appartenaient au châtelain toutes les amendes prononcées par les juges de ladite église, excepté celles qui naissaient du fonds et de la propriété des héritages des religieux et de leurs sujets. Lui appartenaient encore, comme dans ses autres avoueries, l'exécution des sentences criminelles avec les biens meubles des suppliciés, la connaissance des gages de bataille, le corps et les meubles du vaincu. Les services dus par l'Abbaye se bornaient à la seule obligation, commune aussi aux autres avoueries, de livrer au châtelain un char à quatre chevaux pour l'ost et chevauchée du roi ou du comte et non autrement. Le châtelain avait sans effort abandonné le droit caduc de requérir en tout temps l'assistance armée des hôtes dans ses guerres privées.

L'exécution des sentences criminelles, la juridiction des combats judiciaires et l'aide du chariot de guerre pouvaient être considérées comme anciens droits d'avouerie; mais l'usurpation de la haute justice et même de la justice vicomtière était consommée. On ne laissait à l'Abbaye que la simple justice foncière. Non que les religieux n'essayassent en toute occasion de protester contre cette spoliation et de ressaisir l'exercice de leurs droits; mais ces timides essais, bien vite réprimés, n'eurent d'autres résultats que de faire sanctionner, pour ainsi dire, la ruine de leur juridiction. (*Ibidem.*)

IX. Le fief de la châtellenie de Lille. Le fief de la châtellenie de Lille, tenu de la Salle de Lille en toute justice haute, moyenne et basse, comprenait un domaine ou gros du fief; des tenures censières; des droits, des prérogatives et des charges. — Il comprenait aussi des pairies qui semblent se rattacher plus spécialement à l'office du châtelain, et des hommages ou arrière-fiefs qui relevaient de son domaine.

Le domaine qui était considérable et faisait du châtelain de Lille l'un des plus puissants seigneurs de la contrée, renfermait au XIVᵉ siècle les villages et hameaux de Phalempin, du Plouich, de la Neuville, d'Attiche, de Drumez et de la Tennardrie à Thumeries, de Wattines et de Théluch, de Carnin, d'Ennetières en Mélantois, du Transloy à Illies, et d'Ostricourt; le comté d'Herlies,

la ville de La Bassée, la Motte du châtelain à Lille et quelque
dépendances de l'ancien château, huit bonniers de pâturage dan
le Marais de Fretin, des rejets à Loos sur la crête de la rivièr
d'Haubourdin à Lille, le tiers à l'encontre du comte de tous l.
plantis et rejets des flégards et voies de Seclin.

Si le château de Lille ou du Buc était le siége de l'office du châ
telain, Phalempin était le chef-lieu de son fief. Tous les vassau
du châtelain tenaient leurs fiefs en hommage de la cour et hall
de Phalempin. Comme seigneur de cette terre le châtelain éta
l'un des quatre seigneurs hauts-justiciers de la châtellenie de Lille

Par transaction du 15 mai 1558, Antoine, duc de Vendôme, ro
de Navarre, châtelain de Lille, remit à Marie, duchesse d'Estou
teville, pour lui tenir lieu de certaine part qui lui revenait dans l
succession de la châtelaine Marie de Luxembourg, le comté d
Herlies, la ville de la Bassée et les terres de Carnin et du Translo
qui furent ainsi séparés du fief de la châtellenie. Le reste de c.
fief fut transmis par le roi de Navarre à Henri IV et par celui-c
aux rois de France qui en aliénèrent quelques parties. (Voyez
Phalempin, Attiches, Le Plouich, Ostricourt).

Du domaine du châtelain dépendaient en outre de nombreuse.
tenures censières sur lesquelles il percevait des rentes, en avoine
en agneaux, oies, chapons, gelines et poussins, en fromage, en
cervoise, en corvées, à Fretin, à Lesquin, à Meurchin, Engrin-en
Mélantois et Enchemont, hameau de Lesquin; au Maresquel.
hameau d'Ennevelin; à Seclin, à Wattiessart, hameau de Seclin
à Marcq-en-Pévèle, à Ferrière-en-Mélantois, hameau de Wattignies
au Pont-à-Marquette, à Wachemy, hameau de Chemy; au Plouich
en-Weppes, hameau d'Aubers; au val de Fromelles, à Mouchin, :
Lille, à Mons-en-Pévèle sur neuf hameaux, à Provin-en-Carembaut
à Camphin-en-Carembaut, à Ennetières-en-Weppes, à Vendevill
et autres lieux.

Au fief et à l'office du châtelain étaient attachés des droit.
des obligations et des franchises : Le châtelain avait jur.

diction sur tout le cours de la Marque depuis son origine au hameau de Wasquehal, sous Mons-en-Pévèle, jusqu'au pont de l'Épinoy et de là à la Deûle ; juridiction sur une certaine étendue de terres le long de cette rivière à Pont-à-Marq ; — il percevait des droits de fouage sur les quatre ponts de Mélantois, à Marcq, à Bouvines, à Tressin, a Lampenpont ; des droits sur les bêtes qu'on faisait paître au marais d'Herrin, de Noyelles, de Wattignies, de Barghes, de Fléquières et d'Emmerin. A Lille, le châtelain percevait de chaque tavernier vendant vin à la fête, le tiers de vingt sous à l'encontre du seigneur-comte ; deux paires de souliers par an sur chaque étal de cordonnier vendant en la halle de Lille, quatre deniers de ceux qui vendaient cuirs, deux deniers chaque mercredi des potiers vendant pots de terre ; il avait le droit de prendre la meilleure pièce des *buires*, pots de terre ou futailles amenés en ville, la meilleure pièce de vaisselle après celle que la marchande voulait retirer ; il pouvait faire ouvrir à telle heure qu'il lui plaisait les paniers de poissons amenés au marché et prendre à prix rai-sonnable la provision nécessaire à son hôtel. Le châtelain possédait près de la Motte une maison à usage de prisons, nommées les prisons *Pigon* où devaient être amenés tous les prisonniers arrêtés dans le baillage et châtellenie de Lille, par les sept sergents du bailliage, lesquels tenaient leur office en fief dudit châtelain, et ceux qui étaient condamnés à mort au conjurement du prévôt de la ville, pour de là être conduits au supplice par le bailli ou son lieutenant. La chevance soit d'argent soit d'habits des condamnés à mort appartenait au châtelain ou à son officier le pendeur ; la nourriture était aux frais du comte ; le chepier du châtelain prenait son chepage des prisonniers. Pour les exécutions, le châtelain était tenu de fournir outre l'exécuteur, les cordes si le condamné devait être pendu, l'épée s'il devait être décapité, la chaudière seulement s'il devait être bouilli, le bois s'il devait être brûlé, le couteau s'i devait avoir l'oreille coupée ; il fournissait les échelles que les sept sergents héréditaires devaient porter ou faire porter au lieu du supplice et rapporter ensuite ; le comte livrait le surplus des choses nécessaires à l'exécution. Si le gibet de Lille tombait, on devait le reconstruire aux frais du comte, le châtelain n'étant tenu qu'à fournir le bois. — Au châtelain appartenaient le tiers des amendes prononcées en la Salle et au baillage de Lille par les hommes du comte au conjurement de son bailli, le tiers des amendes prononcées par les échevins de la ville à la semonce du prévôt, le tiers des deux tiers des amendes pour bans enfreints ; le prévot devait faire serment de garder les droits dudit châtelain. En la ville de Lille, on ne pouvait faire aucun ban au nom du comte qu'il ne fût fait également au nom du châtelain en l'y mentionnant en cette qualité. Le pendeur que le châtelain livrait au comte avait le droit d'avoir à Lille une femme folle, et s'ils commettaient quelque malséance, on ne les pouvait arrêter sinon pour crime. Ledit pendeur avait le droit de tenir par toute la ville et baillie et *handute* et *breleng* nommé jeu de dés.

En tous les échevinages créés par le comte de Flandre hors de la ville de Lille, savoir à Seclin, Halluin, Annappes, Frelinghien et Prémesque, le châtelain, à cause de son fief, avait le tiers de toutes les amendes prononcées en la Salle de Lille par les échevins des Timaux. — Il avait quatre bareaux à mesurer les weddes qu'on vendait dans la châtellenie, l'une à Phalempin, les autres à Carnin, à Provin, à Ferrière ; il les affermait à ses officiers. — Le châtelain avait une voie pour aller de son hôtel du Plouich à Lille par derrière le hameau de Ferrière, où il devait pouvoir passer en portant une lance droite ; s'il trouvait empêchement de bois croissants, celui qui était en faute encourait l'amende de 60 sous jugée par son bailli et ses hommes de Phalempin qui y pouvaient faire visite quand bon leur semblait *(Ibidem.—Dénombrement du fief du châtelain.)*

X. Pairies tenues du châtelain de Lille et hommages du fief de la châtellenie. — Du châtelair de Lille, de sa cour et halle de Phalempin relevaient les cinq grosses pairies de la châtellenie : le royaume des Timaux, à Faches,

Barghes , à Wattignies ; Madringhem , à Lomme ; Les Mottes , à
La Gorgue et Gamans , à Lesquin , dont les tenants devaient au
comte le dixième denier à la vente desdites pairies , et au châtelain le service de guerre et de chevauchée avec chevaux et armes,
le relief, qui était le revenu d'une année, la meilleure de trois, et
le service en cour ; — 3 fiefs qui devaient au comte les droits
seigneuriaux à la vente et le werp ; — les quatre pairies du chastel
du Plouich : Hérignies , Attiches , Herrin et le fief de l'abbaye de
Phalempin ; — et un nombre considérable d'autre fiefs ou hommages, parmi lesquels : La Cessoye, La Coquelerie, Le Fresnel, La
Haye , Lannoy, Les Masures , La Pêcherie , Les Roblets , Wallers,
à Attiches ; — Les Cotelleries , Le Hem , à Aubers ; — Le Pré de
Fretin , à Avelin ; — Beaupuis , la Navie d'Escoives , à La Bassée ;
— Touart , à La Capelle-en-Pévèle ; — la Mairie de Carnin, Carnin,
Esteules, Helleville, le Pavage , à Carnin ; — Winars , à Comines ;
— Werquin , à Deûlémont ; — Riencourt, Lassus , à Englos ; —
Chantrain , Le Burgh, Maillard dit Fazon, Le Petit-Marêts , à
Ennetières-en-Weppes ; — Bierbaix , à Ennevelin : — Carnin , à
Erquinghem-le-Sec ; — Escobecques , terre à clocher ; — L'Anglée,
La Pêcherie , à Esquermes ; — Briffœul , à Flers ; — Riomez ,
Saint-Pol , Warin , Fourmestraux, à Fretin ; — Berlemont , à
Fromelles ; — le fief du châtelain , à Hallennes-lez-Haubourdin ;
— Duremont, à Halluin ; — La Bricogne , à Hantay ; — Le Bas-
Wally, à Herlies ; — Houplin , terre à clocher, le Court, Coquem-
plus , à Houplin ; — Werquin , à Houplines ; — Illies , terre à
clocher, Gamans, Le Hus , Leauwe, Willy et Gavelin , à Illies ; —
Le Becque, La Cessoye, à Lambersart ; — Lesquin, terre à clocher,
Coquepaille, Le Petit-Engrin, Heddengbes, Merchin, Meurchin,
La Motte, Waregny, à Lesquin ; — Damiette, La Halloterie,
Malpart , Rabodenghes , à Lille ; — Les Chaingles, Wastines , à
Linselles ; — Les Fresnes , Les deux Basinghiens, Le Marais, à
Loos ; — Le Pré, à La Madeleine ; — Le Becquerel , à Marquette ;
Marquillies, Mérignies, terres à clocher ; — Le Gardin, Les
Bruyères, Wasquehal, à Mons-en-Pévèle ; — Mouchin, terre à

clocher, — Bercus, Willemain, Le Terrage, La Taille, Les Marêts, audit Mouchin; — Neuville-en-Ferrain, terre à clocher, La Hamaide, audit Neuville ; — Le Bois d'Auby, La Hamedde, à Ostricourt ; — Pérenchies, terre à clocher, Le Court ou Pérenchi-court, Le Fresnel, Le Gardin, Le Cappel, Reisson, audit Péren-chies ; — La Motte de Saint-Pol, à Péronne ; — La Marquette, à Pont-à-Marcq ; — Le Bois, Fretin, Hellin, La Motte, La Motte-Madame, à Phalempin ; — Le Bois, Les Pâtures, Le Touquet-Loque, à Prémesque ; — Les Tombes, à Quesnoy-sur-Deûle ; — Hollebecque, Bar, Douai, L'Écliche de la Consoye, à Roncq ; — Pierbaix, Le Petit-Pierbaix, Chantraine, La Vallée, Le Fief du Châtelain, à Radinghem ; — Le Wattier, à Ronchin ; — La Bru-nerie, La Cessoye, à Saint-André ; — Salomé, terre à clocher, Le Quint de Salomé, — Les deux Burgault, Les deux Maillard, Saint-Éloi, Wattiessart, à Seclin ; — Sequedin, terre à clocher ; — Le Grand et le Petit Bellincamp, Hélisien, à Thumeries ; — Hesseli-nière, les Warlez, à Tourmignies ; — Les Frémaux, à Verlinghem ; — Wahagnies, terre à clocher ; — Cliquenois, à Wambrechies ; — Les deux Barghes, à Wattignies ; — Beaufremez, à Wazemmes, — et un grand nombre de fiefs innommés.

Les dénombrements, dont le plus ancien remonte à 1389, divisent ces hommages par catégories basées sur l'importance du relief auquel ils étaient assujettis. A la mort du vassal, une nouvelle concession de la part du seigneur devenait nécessaire, ainsi qu'un nouvel engagement de foi et hommage de la part de l'héritier ; le fief était tombé, il fallait le relever, et, pour prix de cette nouvelle investiture, l'héritier payait le relief, *la reliévon*. Cette reconnais-sance était de dix livres pour les fiefs liges, de cent sous pour les fiefs demi-liges, moindre encore et réduite parfois à quelques sous pour les fiefs simples. En 1456, on comptait 119 hommages à 10 livres de relief, 22 à cent sous, 20 à 60 sous et à 40 sous, 126 à 30 sous, parmi lesquels les sept sergenteries du bailliage de Lille ; 55 à relief moindre, soit en argent, soit en nature. Dans ce dernier cas, c'est une blanche lance à fer ou sans fer, une paire de blancs gants, une paire d'éperons dorés, un *voirre* (verre), une paire de doubles voirres, un ou deux blancs estoefs (éteux, balles du jeu de paume, de *stupa?* étoupe); ensemble 342 fiefs dont les détenteurs reconnaissaient le châtelain de Lille pour suzerain immédiat. *(Dénombrement.)*

XI. Châtelains de la première Maison de Lille. — La filiation des châtelains de la Maison de Lille, telle que l'ont établie Piétin et Vander Haer, et telle que l'ont suivie ceux qui ont dû y recourir, telle enfin qu'elle s'impose comme base de tout travail sur ce sujet, tant elle a acquis d'autorité, présente des difficultés insurmontables et se heurte à chaque instant contre des impossibilités matérielles et des contradictions palpables. L'abandonner quand elle est en opposition formelle avec les titres est un devoir tout tracé ; mais pour la rectifier les documents font presque toujours défaut et ne laissent souvent d'autre ressource que la voie des conjectures en rapport avec les dates. — 1. Saswalon, fondateur de l'abbaye de Phalempin, 1039. — 2. Robert 1er, vers 1050 ; donné comme fils de Saswalon dans des actes que Buzelin dit avoir vus. Ces deux personnages ne sont qualifiés châtelains dans aucun titre. — 5. Gérard Du Buc, 1071, nommé châtelain de Lille dans une chronique du XIIe siècle. *(Corpus Chron. Fland.)* — 4. Après lui vient Roger l'Ancien, soit qu'il ait reçu cette charge de sa femme Ogive, descendante de Saswalon, lequel en ce premier cas aurait été châtelain ; soit que lui-même fils de châtelain, il ait épousé l'héritière du fondateur de Phalempin, lequel en ce second cas n'aurait pas été châtelain de Lille. (Voir mes *Châtelains de Lille).* Roger l'Ancien, époux d'Ogive, paraît dans les actes de 1087 à 1096, accompagne Robert de Jérusalem à la première croisade et périt en juin 1098, au siége du fort d'Antioche (d'Achery, *Spicil.,* III, 432.) C'est donc à tort que Van der Haer le fait vivre jusqu'en 1111. Sa veuve restaura l'abbaye de Phalempin. — 5. Roger le Jeune, dit, par Piétin et Van der Haer, fils de Roger l'Ancien, ce qui n'est établi, ni infirmé directement par aucun titre. Il figure dans les actes de 1101 à 1128. — 6. Renaud 1er. Ce châtelain,

inconnu de tous, figure sous le nom de Reinboldus, dans un acte
du mois de juillet 1129 ; mais on ne peut citer que sous toute
réserve cette charte imprimée dans Carpentier et interpolée, au
dire de Wauters, dans le but d'offrir une longue liste de personnes nobles. Un acte de l'abbaye de Saint-Pierre de Gand, en
1133, a pour témoin Renaud, châtelain de Lille, *Reinaldus*, *Rein-
baldus*, *Remalchus*. (Du Chesne, *Guines*, preuves, p. 70 et 209.
— Van Lokeren, N° 213.) Il pourrait être ainsi que les deux suivants fils de Roger le Jeune. — 7. Robert II, 1136-1143, également inconnu des auteurs. — 8. Roger III, confondu avec Roger
le Jeune par Piétin et Van der Haer. Il ne paraît que dans un acte
de 1145. — 9. Robert III paraît dans un acte de 1146. Ce châtelain serait le fils aîné de Roger III ; se disposant en 1147 à
accompagner le comte Thierri en Terre-Sainte, il aurait laissé la
châtellenie héréditaire de Lille à son frère qui suit.—10. Renaud II,
second fils de Roger III, figure pour la première fois, comme châtelain
de Lille, dans un acte de 1152 ; il avait épousé Adelis de Guines,
et mourut en 1163-1166, laissant la châtellenie à son frère qui
suit. — 11. Hugues, troisième fils de Roger III, figure comme
châtelain de Lille, le 16 février 1166, dans une charte de Thierri
d'Alsace ; il était mort en 1177, laissant d'Ermentrude, sa femme,
Jean, qui suit. — 12. Jean 1er, fils du précédent, était châtelain
de Lille dès le début de l'année 1177, et paraît en cette qualité
dans de nombreux actes jusqu'au traité de Péronne, du mois de
janvier 1199 ou 1200, selon le nouveau style. Van der Haer lui
donne pour épouse Mahaud de Béthune, dame de Pontrohart ;
.aais il est évident qu'il confond ici Jean 1er avec Jean II, fils du
châtelain de Péronne. — 13. Le fils aîné de Jean 1er mourut
avant son père, laissant un fils mineur ; sa veuve se remaria au
sire de Bourghelles, qui, pendant la minorité du fils de sa
femme, exerça la charge de châtelain de Lille. Ce fils mourut
jeune, laissant son héritage à ses oncles : Roger et Willoume,
qui furent successivement châtelains de Lille, et Nicolas, qui
était chanoine de Tournai en 1230. Sa tante, nommée Élisabeth,

épousa le châtelain de Péronne, et fut mère de Jean II,
auteur d'une nouvelle branche des châtelains de Lille. —
14. Roger IV, mort sans génération, en 1230, se révèle
dans une série de ses propres actes, restés pour la plupart
inédits. Plusieurs de ces actes sont encore munis de leurs sceaux,
où se voient : *Trois lions, deux en chef et l'autre en pointe.*
Telles étaient les armes de la première maison des châtelains de
Lille, qui va s'éteindre avec le successeur de Roger. — 15. Willaume du Plouich. Par la mort de Roger IV, la châtelenie de
Lille passait aux mains de son frère Willaume du Plouich, prévôt
de la collégiale de Saint-Pierre de Lille, qui pour l'exercice d'une
charge peu compatible avec la robe du religieux, s'associa son
neveu et héritier, Jean, châtelain de Péronne. Willaume mourut
en 1236. Avec lui finit la première maison de Lille qui, durant
deux siècles, brilla de tout son éclat. Les événements qui
amoindrirent successivement le pouvoir judiciaire et militaire
de ces officiers féodaux, mais qui n'atteignirent que leur charge,
ne commencent qu'avec la seconde série.

XII. **Maison de Péronne ou seconde Maison de
Lille.** — 16. Jean II, neveu des deux derniers châtelains, fils de
leur sœur Élisabeth de Lille, commence en 1237 une nouvelle
dynastie. Héritier par la mort de son père de la châtellenie de
Péronne, il n'en conserva pas moins le nom de sa mère qu'il transmit à ses descendants ; mais il garda les armes de sa famille : *de
gueules au chef d'or.* Jean, châtelain de Lille et de Péronne, épousa
Mahaut de Béthune, héritière présomptive de Pontrohart, de
Meulebecke et de Blarenghem, fille de Guillaume de Béthune et
d'Isabelle de Pontrohart, riche héritière du pays de Bergues. Il
mourut en 1244. Sa veuve se remaria presqu'aussitôt avec Robert
de Wavrin, qui exerça la charge de châtelain de Lille pendant la
minorité du fils aîné du défunt. — 17. Jean III était, dès l'année
1255, selon toute apparence, majeur et marié ; il avait épousé

Mahaut, fille d'Arnoul, sire de Mortagne, châtelain de Tournai et d'Iolente de Coucy. Ce fut Jean III, châtelain de Lille, seigneur d'Haubourdin et d'Emmerin, de Blarenghem et de Sainghin-en-Weppes, qui, en 1271, entreprit de canaliser la Haute-Deûle jusqu'à Don, et de joindre Don à La Bassée par un autre canal. Jean III, mort en 1276, et Mahaut de Mortagne eurent ensemble quatorze enfants, entre autres Jean qui suit; Thomas de Lille, seigneur de Fresne et de Blarenghem, auteur de la branche cadette de la Maison de Lille; et Roger de Lille, sire de Pontrohart. — 18. Jean IV. Les actes de ce châtelain sont plus nombreux qu'inté-ressants. Il avait promis, paraît-il, au comte Gui d'aller hors du pays au service de son fils Philippe de Flandre, marié en Italie et comte de Chieti. Jean revint-il de l'Abbruzze, périt-il devant Castellamare où Philippe lui-même fut fait prisonnier? On ne sait. Toujours est-il qu'il était mort en 1292. Il avait épousé avant 1279 Béatrix de Clermont, dite de Nesle, fille de Simon, l'un des régents du royaume pendant l'absence de saint Louis; sœur de Raoul, connétable de France, de Gui, maréchal de France, d'Amaury, prévôt de Saint-Pierre de Lille, et de Simon, évêque et comte de Beauvais. Il en avait eu Jean V et Guyotte de Lille, héritière de la châtellenie après son frère. — 19. Jean V. Voici encore un châtelain de Lille que ni Piétin ni Van der Haer n'ont connu. Son existence pourtant ne saurait être mise en doute. En mars 1293, Béatrix de Nesle est dite veuve, elle tient certaine terre de Jean, châtelain de Lille son fils. Il est vrai que ce Jean, cinquième du nom, ne s'est guère révélé à l'histoire que par sa mort. Il périt en 1302 avec la noblesse de France, à la bataille de Courtrai, où avec plus d'honneur combattaient dans les rangs des Flamands ses oncles Roger et Thomas de Lille. Peu après la bataille de Courtrai eut l'eu la cession de la Flandre gallicane, et c'est ainsi que la châtellenie de Lille fit, jusqu'en 1383, partie intégrante du royaume de France. En même temps, la maison des châtelains de Lille, tombée en quenouille dans la personne de dame Guyotte, entrait dans la famille princière de Luxembourg. La châtellenie héréditaire retrouvait ainsi en illustration ce qu'elle allait perdre en pouvoir et en influence sous la nouvelle domination.

XIII. Maison de Luxembourg-Ligny. — 20. Guyotte, châtelaine de Lille, dame d'Haubourdin et Emmerin, de Sainghin, etc., épousa, avant 1307, Wallerand de Luxembourg, sire de Ligny, de Roussy, de Beaurevoir etc. La maison de Luxembourg, a fait pendant plus de huit siècles, la gloire de l'Allemagne, de la Hongrie, de la Bohême, de la Pologne, des Pays-Bas ; elle a donné à ces différentes contrées des empereurs, des rois, des gouverneurs, et des reines à la France. Depuis Sigefroi, premier comte de Luxembourg et père de Sainte-Cunegronde, impératrice, cette tige s'est constamment signalée par les alliances les plus distinguées. La branche cadette, dite de Luxembourg-Ligny, dont Wallerand était alors le chef, a donné également une foule de héros célèbres, de princes et de princesses illustres. Luxembourg portait *d'argent au lion de gueules, armé, lampassé d'azur et couronné d'or, la queue fourchée et passée en sautoir.* En 1336, Guyotte fondait et dotait la chapelle de Sainte-Catherine à La Neuville en Phalempin, qui fut érigée en paroisse particulière. Elle avait aussi fondé la chapelle de Saint-Jean-Évangéliste où elle fut inhumée en 1337. Elle laissait la châtellenie à son fils Jean de Luxembourg. Quant à son mari, Wallerand de Luxembourg, on ignore l'année de sa mort. — 21. Jean de Luxembourg, sire de Roussy, châtelain de Lille, avait épousé par contrat du 10 juillet 1330, Aelis de de Flandre, dame de Richebourg et d'Erquinghem, fille de Guy de Flandre, petit-fils de Guy de Dampierre. Elle mourut en 1346. Jean se remaria, dit-on, à Jeanne Bacon, dame de Molay, dont il n'eut point d'enfants et avec laquelle il vivait encore à la fin de l'année 1360, lorsque sur le point de partir en Angleterre comme ôtage du roi de France, il fit son testament. Il mourut le 17 mai 1364, et fut inhumé à Phalempin. Outre son fils Guy, compagnon de sa captivité et qui lui succéda, il laissait de sa première femme, six ou sept enfants légitimes que les généalogistes mentionnent suffisamment, et, si Piétin, ne s'est pas trompé, deux enfants naturels auxquels son testament assurait quelque legs. Jean de Luxembourg paraît avoir été doué d'un esprit fort conciliant. — **22.** Guy de Luxembourg, sire de Roussy, de Beaurevoir, de Richebourg, d'Erquinghem, d'Haubourdin, avait épousé en 1360, Mahaut de Châtillon, comtesse de Saint-Pol, dame de Bohain et de Dourleus ; il en eut sept ou huit enfants parmi lesquels Wallerand, son successeur ; Jean de Luxembourg, sire de Beaurevoir et de Richebourg, dont le fils aîné Pierre de Luxembourg succédera aux petits fils de Wallerand, morts sans postérité ; le bienheureux Pierre de Luxembourg, mort cardinal à Avignon, le 2 juillet 1387 ; André de Luxembourg, évêque de Cambrai en 1390. Il laissait aussi deux enfants naturels dont Jean de Luxembourg, dit Caulus ou bâtard de Ligny, chevalier, seigneur de Forest et de Bruay ; — **23.** Wallerand II de Luxembourg, comte de Ligny et de Saint-Pol, seigneur de Fiennes et de Bohain, né en 1355, fait chevalier à l'âge de 15 ans, avait accompagné son père à la bataille de Basveiler où il le vit mourir les armes à la main. Fait prisonnier des Anglais étant au service de France, il épousa à Londres en 1379, Mahaut de Reus, fille de Thomas de Hollant, comte de Kent, et sœur utérine de Richard II, roi d'Angleterre. Il obtint alors sa liberté moyennant une rançon de soixante mille francs. Il emprunte au comte de Flandre une partie de cette somme et, pour s'acquitter, il lui remit la mairie ou ammencep de Courtrai. Mais en 1382, il devait encore au comte et à ses chevaliers plusieurs sommes en garantie desquelles le suzerain fit saisir le fief de la châtellenie de Lille. Dans les motifs de cette rigueur entrait un autre grief : le châtelain ou plutôt ses officiers avaient laissé échapper de ses prisons de Lille, deux prisonniers ennemis du comte et conspirateurs, lesquels, à cause de son fief, il était tenu de garder ou faire garder à ses périls et aventure. Il fallut bien, s'il voulut conserver sa châtellenie, qu'il payât ses dettes et donnât satisfaction au comte. Wallerand, veuf depuis 1392, se remaria en 1400 à Bonne de Bar, dame de Nogent, de Gravelines et de Nantueil , fille puînée de Robert , duc de Bar , et de Marie de France. De son premier mariage était née Jeanne de Luxembourg , mariée le 24 avril 1402 à Antoine de Bourgogne, comte de Rethel , second fils de Philippe le Hardi et de Marguerite de Flandre. Wallerand donnait en dot à sa fille le fief de la châtellenie de Lille qui passa ainsi , mais pour peu de temps dans la maison de Bourgogne. Wallerand mourut le 6 avril 1417 , laissant deux enfants naturels : Jean dit Hennequin , le fameux bâtard de Saint-Pol , à qui il remit par son testament la seigneurie d'Haubourdin ; et Simon de Luxembourg qui fut prévôt de l'église de Saint-Omer.

XIV. Maison de Bourgogne. — 24. Jeanne de Luxembourg, châtelaine de Lille , eut d'Antoine de Bourgogne , duc de Brabant, deux fils; Jean de Bourgogne , duc de Brabant en 1415 , époux de Jacqueline de Bavière en 1417 , mort le 17 avril 1427, sans postérité; Philippe de Bourgogne qui suit. Jeanne mourut le 12 août 1407; Antoine de Bourgogne, remarié à Élisabeth de Luxembourg, fille du duc de Gorlitz, mourut à la bataille d'Azincourt, le 25 octobre 1415. — 25. Philippe de Bourgogne , né le 25 juillet 1404 , héritait des comtes de Saint-Pol et de Ligny ainsi que de la châtellenie de Lille par la mort de sa mère en 1407. Il fit son entrée solennelle à Lille le 17 novembre 1422 , et prêta comme châtelain le serment accoutumé. Il mourut à Louvain, le 4 août 1430. Par sa mort , les biens qu'il tenait de sa mère retournèrent dans la maison de Luxembourg, aux enfants de Jean, sire de Beaurevoir, second fils du châtelain Guy, comte de Ligny. La châtellenie de Lille échut à l'aîné Pierre de Luxembourg, qui devint ainsi la souche des comtes de Saint-Pol. Philippe de Bourgogne laissait trois enfants naturels, Antoine , Philippe et Isabeau.

XV. Maison de Luxembourg Saint-Pol. — 26. Pierre de Luxembourg, 1er du nom, comte de Saint-Pol, châtelain de Lille, avait épousé, au mois de mai 1405, Marguerite des Baux, fille aînée de François, duc d'Andria, qui lui survécut. Il mourut de la peste à Rambures, le 31 août 1433, laissant : Louis de Luxembourg, comte de Saint-Pol, qui suit ; Thibaut, auteur de la branche des seigneurs de Frennes ; Jacques, seigneur de Richebourg, époux d'Isabeau, dame de Roubaix ; Jacqueline de Luxembourg, épouse de Jean, duc de Bedford, régent du royaume de France sous Henri VI d'Angleterre. Elle se remaria à Richard d'Oudeville, sire de Riviers, et en eut une fille qui épousa Édouard, roi d'Angleterre ; Isabelle, mariée à Charles d'Anjou, comte du Maine ; Catherine qui épousa Artus, duc de Bretagne ; et un fils naturel, Pierre de Luxembourg. — 27. Louis de Luxembourg., comte de Saint-Pol, de Brienne de Conversan, né en 1418, avait 15 ans, lorsqu'il succéda à son père : C'est ce fameux connétable de Saint-Pol, qui eut la tête tranchée en place de Grève, le 19 décembre 1475. Il avait épousé en premières noces, le 16 juillet 1435, Jeanne de Bar, comtesse de Marle et de Soissons, vicomtesse de Maux, dame d'Oisy, de Dunkerque, de Bourbourg, de Gravelines, etc., morte en 1462, lui laissant sept enfants parmi lesquels Pierre II de Luxembourg, son successeur. Marie de Savoie, belle sœur de Louis XI, était sa seconde femme et l'avait précédé de quelques mois dans la tombe, lui laissant un fils et une fille. Enfin, le connétable de Saint-Pol, aussi dissolu dans ses mœurs qu'ingrat et perfide dans sa vie politique, n'eut pas moins de huit bâtards, dont les noms se trouvent partout. — 28. Pierre de Luxembourg, 2° du nom, fut réintégré en 1477 dans les possessions et titres de sa famille par la duchesse Marie de Bourgogne. Le 26 juillet 1481, il prêtait serment comme châtelain de Lille. Pierre II mourut le 25 octobre 1482 et fut inhumé dans l'abbaye de Cercamp. Il avait épousé Marguerite de Savoie, veuve de Jean Paléologue, marquis de Montferrat, sœur aînée de sa belle mère et de la reine de France. De cette alliance étaient nés trois fils, qui moururent sans postérité, et deux filles dont l'une, Marie de Luxembourg succéda à son père. — 29. Marie de Luxembourg, restée la principale héritière de Pierre II, lui succéda à l'âge de 13 ans. Elle épousa en premières noces Jacques de Savoie, son oncle mater-

nel et son parrain, oncle aussi du roi de France Charles VIII.
Le 14 janvier 1484 (N. S.) Jacques de Savoie faisait sa première
entrée à Lille et prêtait serment comme châtelain. Il ne laissa
qu'une fille qui épousa Henri, comte de Nassau et Vianden, dont
elle n'eut point d'enfants. Marie se remaria par traité passé au
château de Ham, le 8 septembre 1487 à François de Bourbon,
comte de Vendôme, à qui elle porta les titres et domaines de la
maison de Luxembourg qui lui avaient été rendus par une déclaration du roi Charles VIII. François de Bourbon avait alors
17 ans, étant né en 1470; il était marié depuis huit ans, lorsqu'il alla rejoindre Charles VIII dans son expédition d'Italie. Il y
combattit vaillamment à la journée de Fornoue et mourut de ma-
ladie à Verceil, le 3 octobre 1495. Leur union avait été féconde
et leur avait donné six enfants, quatre fils et deux filles. Charles de
Bourbon, l'aîné, à qui revenait le fief de la châtellenie de Lille,
mourut avant sa mère le 27 mars 1537. Il avait épousé, en 1513,
Françoise, duchesse d'Alençon, veuve de François 1er d'Orléans,
et en avait eu treize enfants, dont l'aîné des survivants, Antoine
de Bourbon, fut châtelain de Lille.

XVI. **Maison de Bourbon.** — 30. Antoine de Bourbon,
duc de Vendôme, châtelain de Lille, épousa, le 20 octobre 1548,
Jeanne d'Albret, fille d'Antoine, roi de Navarre, et de Marguerite
de Valois. Après la mort de son beau-père, en 1555, il porta le
titre de roi de Navarre. Il mourut le 17 novembre 1562, laissant à
son fils Henri, le futur roi de France, la châtellenie héréditaire de
Lille dont il avait fait le rapport et dénombrement l'année précédente. — 31-35. Henri de Bourbon et les rois de France. Henri de
Bourbon, châtelain de Lille en 1562, roi de Navarre en 1572,
parvint à la couronne de France sous le nom de Henri IV en 1589.
Redevable envers deux colonels suisses d'une somme de 19,600 écus,
il assigna en garantie de cette dette la châtellenie héréditaire de
Lille que les créanciers firent saisir sous son successeur et dont ils
annoncèrent la vente, en vertu d'un arrêt de la Cour de Malines,

du 20 janvier 1630. A cette nouvelle, Louis XIII fit assembler son conseil ; quelques-uns des membres étaient d'avis de tirer raison de cet attentat par les voies extraordinaires ; mais par égard pour l'infante Isabelle, alors notre souveraine, Louis XIII ne voulut pas recourir à la force et envoya consigner la somme due. Entre temps, vers 1620, Louis XIII servait encore, comme châtelain de Lille, le rapport et dénombrement de son fief aux archiducs Albert et Isabelle. Définitivement acquise à la France par la conquête de la Flandre en 1667, la châtellenie héréditaire de Lille conserva néanmoins sa constitution féodale ; de sorte que Louis XIV et ses successeurs, Louis XV et Louis XVI, furent aussi châtelains de Lille. La dignité huit fois séculaire s'est éteinte avec eux ; l'éclat du trône où elle était parvenue ne l'a point sauvée. On voit bien Louis XVIII, pendant son exil, se faire appeler le *Comte de Lille*, mais je n'oserais affirmer qu'il y eût là un souvenir, du moins intentionnel, du titre de châtelain de Lille que ses prédécesseurs avaient porté.

Le Plouich, à Phalempin, domaine du châtelain de Lille, comprenant un manoir et château-fort, résidence du châtelain ; quatre jardins en dehors du pont, 59 bonniers 7 cents et un quarteron de pré et terre à labour ; 475 bonniers de bois et des rentes en argent, en froment, en avoine et en chapons.

Le château du Plouich a été vendu par engagère à la famille Imbert de Fromé. Madame de Saint-Martin, dernière de cette branche d'Imbert, eut pour héritier le sieur Bruneau, Président au Parlement de Flandre, dont l'aïeule était N. Imbert.

Phalempin (Fief de l'abbaye de). Les biens de l'abbaye de Phalempin constituaient un fief vicomtier sans relief ni service, et l'une des quatre prairies du château du Plouich.

Le Bois, à Phalempin, fief vicomtier tenu du châtelain de Lille de sa cour et halle de Phalempin, à 10 livres de relief ;

comprenant un manoir appelé la Mottelette à Lannel, avec 42 bonniers de terre, des rentes et cinq hommages. — A cause de son fief, le seigneur du Bois a la « cache des tailles de ses bois en toute la châtellenie, par le moyen des forestiers du châtelain. »

Colle de Luxembourg, dame du Bois, fille de Bauduin, mort en 1288, et d'Alix de Wavrin, épousa Robert de Fiennes, chevalier, seigneur de Helchin ; — leur fils, Henri de Fiennes, chevalier, seigneur du Bois, quitta le nom de Fiennes et prit celui du Bois ; il épousa Marie de Saint-Venant dont il eut : Henri du Bois, chevalier, qui épousa Jacqueline de Boffermont, — leur fils, Sohier du Bois, chevalier, allié à Marie d'Azincourt, — leur fils, Jean du Bois, baron d'Esnes, époux de Jeanne de Lens, fille de Bauduin, seigneur d'Ennequin, gouverneur de Lille, 1389 ; — Jean du Bois, leur fils, seigneur de Vermeille, époux de Catherine de Poix, dont il eut : — Philippe du Bois, seigneur d'Ennequin, qui releva le fief du Bois sous bénéfice d'inventaire ; il épousa Jeanne de la Trémouille ; — leur fils, Jean du Bois, chevalier, 1456, époux en premières noces de Catherine, dame de Beaumesnil, dont il eut : — Jean du Bois, chevalier, seigneur d'Esquerde, 1511. — Isabeau de Beauffremez, fille de messire Jean de Bou'ogne, 1610.

Fretin, à Phalempin, tenu du châtelain de Lille, de sa cour et halle de Phalempin à cent sous de relief ; contenant 6 bonniers 2 cents sur le grand chemin de Seclin à Arras et sur .e ruisseau de la Naive.

Christophe Desteule, 1389. — Jean de Piennes. — Pierre de Fretin, qui a laissé son nom au fief, 1456 ; — Jean de Fretin. — Jean de La Broye, écuyer, par achat de Jean de Fretin, 1506. — Antoine Domessent, écuyer, seigneur des Goutières ; — Antoinette de Haynin, fille de messire Guislain, en son vivant, chevalier, seigneur du Brœucq, veuve Claude de Warennes, écuyer, nièce et héritière d'Antoine Domessant, mort en 1590.

Hellin, à Phalempin, fief vicomtier tenu du châtelain de Lille, de sa cour et halle de Phalempin, à 30 sous de relief, comprenant 2 bonniers 4 cents de terre à labour, près du fief de La Cauchie.

Jacques de Hellin et Georges, son frère. — Guillaume de Le Cauchie, écuyer, 1389. — Regnaut de Warwane ; — Regnaut de Hellin, écuyer, 1456. — Jennet d'Attiches, fils de Pierre, seigneur de Le Cauchie, 1500. — Germain Petipas, seigneur de Warcoing, mort en juin 1597 ; — Jeanne Petipas, sa fille.

La Motte à Phalempin, fief tenu du châtelain de Lille de sa cour et halle de Phalempin ; contenant un manoir sur motte avec 9 bonniers 10 cents d'héritage.

Daniel Thieulaine, 1456 ; — Jean Thieulaine ; — Jeanne Thieulaine, fille de Jean, épouse de Jacques d'Aire ; — Ernould d'Aire, leur fils ; — Guy Guilbaut ; — Pierre Guilbaut, 1505. — Alard de Lannoy, époux de Barbe Herlin ; — leur fille N... de Lannoy, épouse d'Alard de Fourmestraux ; — leur fille Marguerite de Fourmestraux par relief de 1603.

La Motte-Madame à Phalempin, fief tenu du châtelain de Lille, de sa cour et halle de Phalempin, à une paire d'éperons dorés de relief ; — comprenant une motte nommée la Motte-Madame, et 4 bonniers 3 cents d'héritage, tenant au chemin du Plouich à Wattiessart.

Morelet d'Allennes, 1456. — François d'Allennes, écuyer, fils de Morelet, seigneur de Lannoy en Tournaisis, 1505 ; — Adrienne d'Allennes, épouse d'Adrien de Dyon ; — Adrien de Dyon, leur fils, seigneur de Cantin, mort en 1583, époux d'Anne de Lens ; — leur fils Gilles de Dyon, seigneur de Cantin.

La Cauchie à Phalempin, tenue du seigneur de Faigneules.

Guillaume de La Cauchie, écuyer, 1389. — Jennet d'Attiches, fils de Pierre, 1500.

Jean de Muissart , avocat , seigneur d'Attiches et de La Cauchie à Phalempin , marié à Barbe de Saint-Venant , fils de Jacques de Muissart , écuyer , seigneur du Marez et de Marie , dame d'Attiches.

PROVIN-EN-CAREMBAUT

A l'abbaye de Saint-Trond en Hesbaie qui avait reçu ce villa en don du comte Arnoul et qui fut confirmée dans cette possession par Thierri , comte de Flandre , en 1146. (Piot , cartulaire de l'abb. de St.-Trond , 1, 70). — L'abbaye possédait le fonds ; le châtelain de Lille qui était l'avoué , y avait toute justice haute , moyenne et basse , et des droits rapportés à l'article : *Châtellenie héréditaire de Lille ou fief du châtelain*, § VII.

STATISTIQUE FÉODALE

DU

DÉPARTEMENT DU NORD.

PREMIÈRE PARTIE.

LA CHÂTELLENIE DE LILLE

PAR M. Th. LEURIDAN,

Membre titulaire, à Roubaix.

III. — LA PÉVÈLE.

Les localités de La Pévèle sont, dans l'ordre alphabétique : Attiches, Bachy, Bersée, Bourghelles, Bouvines, Camphin, Cappelle, Chéreng, Cobrieux, Cysoing, Ennevelin, Genech, Gruson, Louvil, Mérignies, Moncheaux, Mons-en-Pévèle, Mouchin, Ostricourt, Pont-à-Marcq, Templeuve, Thumeries, Tourmignies, Wahagnies, Wannehain.

ATTICHES.

Domaine du châtelain de Lille qui y exerçait toute justice haute, moyenne et basse ; y avait un moulin à vent et y percevait des rentes en argent, en blé, avoine, oies, chapons, gelines, les werps, les reliefs et deux deniers de reconnaissance sur les héritages ænus de l'abbaye de Loos.

Attiches portait pour armes : *d'or à la bande échiquetée de gueules et d'argent.*

Louis XIV, héritier des châtelains de Lille, pour soutenir les guerres de la succession d'Espagne, vendit la seigneurie d'Attiches. Elle fut acquise par Philippe-Marie Du Bois de Hoves, écuyer, seigneur de Hérignies, qui la revendit, en 1723, à messire Charles-Philippe de Hangouart, baron d'Avelin, dans la famille duquel elle est restée.

Attiches (Pairie d') ; fief vicomtier et pairie du château du Plouich, tenue du châtelain de Lille à 10 livres de relief : comprenant un manoir sur motte, 23 bonniers, 9 cents de terre, une grange où le chapitre de Saint-Piat de Seclin était tenu d'enclore ses dîmes d'Attiches, à charge d'en abandonner une partie au seigneur, des rentes et deux hommages.

Robert d'Attiches, chevalier, 1284, 1286, 1287. Au mois de novembre 1296, Robert, seigneur d'Attiches, et Gillotte, sa femme, fondent une chapelle dans l'église du Temple, de Douai. (Mannier, *Les Commanderies*, 682.). — Gontier, leur fils. — Jean Ier d'Attiches, dit Bruneau, chevalier, 1311. — Jean II d'Attiches, dit Morel, chevalier, 1375, 1389. — Jean III, écuyer, fils de Morel, mort en 1478. — Jean IV, fils du précédent. — Nicolas ou Collinet d'Attiches, fils de Jean IV ; il mourut sans génération et eut pour successeur sa sœur Marguerite qui mourut elle-même célibataire, le 9 novembre 1556, laissant tous ses biens à sa petite nièce Marie Muyssart. Celle-ci était fille de Jean, écuyer, seigneur de la Cauchie, et de Barbe de Saint-Venant, et petite-fille de Jacques Muyssart, écuyer, seigneur du Marets, et de Marie d'Attiches, sœur de ladite Marguerite. Elle épousa, en premières noces, Alexandre Le Blanc, chevalier, baron de Bailleul, et se remaria à François de Paty, écuyer ; Isabeau Le Blanc, sa fille, épousa Ferdinand de Maubus, chevalier, et eut la pairie d'Attiches en partage ; mais étant morte sans génération, sa sœur utérine, Marie de Paty, lui succéda dans cette pairie qui passa ensuite aux mains de son arrière-petite-fille, Marie-Joseph de Melun d'Omicourt, épouse du marquis de Lugy. Adrienne-

Alexandrine de La Buissière, dame de Lugy, leur fille, épousa Philippe-Charles de Kessel, comte de Wattignies, qui mourut sans postérité le 24 décembre 1747. La pairie d'Attiches passa alors, par achat sans doute, à Charles-Philippe Hangouart, comte d'Avelin, et de lui à son fils, Antoine-François-Joseph ; puis à son petit-fils, François-Augustin-Anne-Ubert-Colette, chevalier de Saint-Jean de Jérusalem, puis marié, en 1773, à la vicomtesse de Canteleu.

Hérignies, à Attiches; pairie du château du Plouich, fief vicomtier tenu du châtelain de Lille, à 10 livres de relief, comprenant un manoir seigneurial sur motte entourée d'eau, près de Drumez, et 40 bonniers et un quartier de terres à labour, pâturages et bois. — Le seigneur de Hérignies, à cause de sa pairie, avait droit d'avoir, dans les bois du châtelain, trois chiens courants et trois lévriers couchants, mais ne pouvait tendre ni pièges ni engins.

On trouve, en 1184, un Elbert de Hérignies dans un acte de l'abbaye de Phalempin. (*Mes Châtelains de Lille.*) — Aliaume de Wisquec, dit Peppin, seigneur d'Esquanes, chevalier, 1389. — Demoiselle d'Esquanes. — Jean Kalant ou Caulant, dit de Hérignies, écuyer, fils d'Alart et de Marie de Wicht, dite de Raisse, et époux de Joye Hangouart, 1456. — Leur fils, Jean de Hérignies, écuyer, 1511. — Antoine de Hérignies, qui releva le fief le 26 janvier 1526. — Marie de Hérignies, épouse de Zègre Du Bois, dit de Hoves, écuyer, 1561. — Bauduin Du Bois de Hoves, écuyer, seigneur de Hérignies. — Jean Du Bois de Hoves, écuyer. — Philippe-Marie Du Bois de Hoves, écuyer, était seigneur de Hérignies en 1700. — Dans l'église d'Attiches se trouve une pierre tumulaire avec cette inscription : *Monument de la très-noble et très-ancienne famille des Du Bois de Hoves, seigneurs de Hereingnies, Drumez, etc.*, 1710. Du Bois de Hoves portait : *d'azur à 3 coquilles d'or 2 et 1.*

La pairie de Hérignies a été vendue à mademoiselle Du Chambge, qui eut pour héritier N. de Buisseret, son neveu. — Jean-Albert-

Joseph de **Buisseret-Blarenghien**, comte de **Thiennes-Stenbecque**, en qualité d'aïeul et tuteur subrogé de messire Jean-Baptiste-Charles-Félix-Henri de Podenas, seigneur d'Hérignies, figure parmi la noblesse du bailliage de Lille qui prit part à l'élection des députés aux États-Généraux de 1789.

La Cessoye, à Attiches; fief vicomtier, tenu du châtelain de Lille, à 10 livres de relief, contenant un château, à l'est d'Attiches, avec 4 bonniers de jardin, prés, bois et eaux et 20 bonniers de terre à labour; rentes et 4 corvées. L'héritier de ce fief avait telle franchise qu'en payant au domaine un chapon par an, il était exempt des impôts et maltotes de tous grains amenés de ladite seigneurie de La Cessoye à Lille.

Jean de La Cessoye.

Robert d'Antreulles, 1456.

Robert d'Antreulles, chevalier, vendit La Cessoye à Nicolas de Saint-Genois, de Tournai, en 1483. Celui-ci la revendit dans la même année. — Chrétien de Clugny, écuyer, seigneur de La Cessoye, 1490, 1506. Clugny portait: *d'azur à trois clefs d'or adossées et posées en pal, les pannetons en haut, et les anneaux travaillés en losanges, pommettés et enlacés.* — Marie de Clugny, fille de Chrétien et épouse de Simon du Chastel, seigneur de La Hovardrie, Cavrines, Aix-en-Pévèle. — Leur fils, Jacques du Chastel de La Hovardrie, seigneur des mêmes lieux, mort le 10 mai 1576, époux de Sainte de Marchenelles. — Nicolas du Chastel, fils des précédents, seigneur de La Hovardrie, vicomte d'Haubourdin, mort le 14 mars 1610. — Robert-Antoine-Joseph du Chastel, seigneur d'Inglinghem, fils puîné de Nicolas. Il mourut en 1622, laissant, de Jeanne de La Croix, dame de Mairieu, François-Robert du Chastel, dit de La Hovardrie, mort le 24 décembre 1678. — Du Chastel portait: *de gueules au lion d'or, armé, lampassé et couronné d'azur.*

Le Fresnel, à Attiches; fief vicomtier, tenu du châtelain de Lille à 10 livres de relief, consistant en rentes justiciables.

Jean de Has, 1456. — Adrien de Mastaing, écuyer, seigneur de Sassignies, époux d'Agnès de Hem, tuteur de Josse et Eustache de Berlettes, enfants d'Antoine, chevalier, 1504. — Jacques d'Oignies, chevalier, seigneur d'Estrées, Tourmignies, Berlettes.

Le Fresnel, à Attiches ; fief tenu du châtelain de Lille à 10 livres de relief ; consistant en rentes.

Otte de Ruymont, seigneur de la Caulerie, xvi° siècle.

Leffondre, à Attiches, fief tenu du châtelain de Lille à 10 livres de relief ; comprenant 22 cents de labour, 7 chapons, 7 quarels d'avoine, 12 deniers, une poule « et autres menutez. »

Hugues d'Abelain : — Jean d'Abelain, son fils, xvi° siècle.

La Haye, à Attiches, au hameau de Martinsart, vers Seclin ; fief vicomtier tenu du châtelain de Lille à 10 livres de relief, comprenant un manoir avec 16 bonniers de terre et des rentes.

Jean Bracque, chevalier, 1425. — Isabelle de Rouvroy, veuve du précédent, remariée à Aubert Lorel, chevalier, 1456. — Charles de Houchain, écuyer, seigneur de Montescourt, 1507, — Charles de Houchin, chevalier, seigneur de Longastre, vendit La Haye à Claude de Baudequin, anobli avec ses frère et sœurs le 10 décembre 1589, époux de Marie de La Rivière, fille de Philippe, seigneur d'Allincourt. — Leur fils Philippe de Baudequin, chevalier en 1624, seigneur d'Allincourt, de Sainghin et de La Haye, époux de Claudine d'Ennetières.

La Pescherie, à Attiches ; fief vicomtier tenu du châtelain Lille à 10 livres de relief, comprenant 7 bonniers d'héritage et des rentes.

Jean d'Attiches, dit Morel, 1389. — Georges d'Attiches. — Jeannette d'Attiches, épouse de Bertrand du Mortier. — Franchequin du Mortier, 1505. — Jacques d'Oignies, chevalier, seigneur d'Estrées, Tourmignies, Berlettes.

Les Roblets, à Attiches, fief vicomtier tenu du châtelain de Lille, à cent sous de relief; comprenant 6 bonniers, 14 cents de terre y compris 2 bonniers de bois, et 4 rasières d'avoine de rente.

Jean d'Attiches, fils de Jacquemon, 1389. — Pierrechon d'Attiches. — Jennin d'Attiches, fils de Martin, 1456. — Bauduin d'Attiches, fils de Jean, par achat du précédent, 1493. — N. d'Attiches, fille de Bauduin et épouse de N. Ruwel. — Marguerite Ruwel, épouse de Pierre de Croix. — Michel de Croix, leur fils, XVIe siècle. — Jean de Croix, écuyer, seigneur de Le Court, gentilhomme de la chambre des archiducs d'Autriche, mort en septembre 1573. — Antoinette de Croix, sœur et héritière de Jean et épouse de Guillaume Hangouart, écuyer, seigneur de Pètre et de Pommereau.

La Cocquelerie, à Attiches; fief vicomtier tenu du châtelain de Lille à 30 sous de relief; comprenant un manoir avec un quartier de terre entre les fossés du Plouich, 6 cents de terre à labour et des rentes.

Pierre de Chauny, 1389. — Jean de la Cessoye. — N. d'Attiches. — Jeanne d'Attiches, épouse de Bertrand du Mortier, 1456. — Fransquin du Mortier, écuyer, 1505. — Marie d'Attiches, épouse de maître Jacques Muyssart. — Maître Jean Muyssart, leur fils, lequel a relevé le fief le 13 juillet 1537. — Marie Muyssart, épouse en premières noces d'Alexandre Le Blanc, écuyer, seigneur de Meurchin, et en secondes noces de François de Paty, écuyer.

Lannoy, à Attiches, fief vicomtier, tenu du châtelain de Lille à 30 sous de relief; comprenant 7 bonniers 2 cents et demi de terre entre Wattiessart et le château du Plouich, près de la Motte-Madame, et des rentes sur 28 bonniers.

Dame Isabeau Flamengue, épouse de Fisiaux du Mez, chevalier seigneur de la Froissardrie, 1389. — N. Dauvin, veuve de Jean, seigneur de Houplines. — Gérard de Houplines, 1456. — Marie

Scallebert, épouse de Robert du Bois. — Leur fille Isabeau du Bois, épouse de Chrétien de Clugny, écuyer, seigneur de la Cessoye, 1506. — Hippolyte du Bois, écuyer, seigneur de La Longherie. — Son fils Louis du Bois, écuyer, seigneur de La Longherie. — Marguerite Flameng, femme d'Hippolyte Petipas, écuyer, seigneur de Walle, conseiller des archiducs, par achat de Louis du Bois, en février 1605.

Les Masures, à Attiches, fief tenu du châtelain de Lille à 30 sous de relief; contenant 9 quartiers de terre.

Wille de la Cessoye, 1389. — Pierre d'Antreulles. — Robert d'Antreulles, chevalier, 1456. — Marie de Clugny, fille de Chrétien et épouse de Simon du Chastel de la Hovardrie. — Leurs successeurs comme au fief de La Cessoye.

Warles, à Attiches; fief vicomtier tenu du châtelain de Lille à 30 sous de relief, comprenant une motte close de grands fossés, 3 bonniers d'héritage tenant à la Marque, au fief de Hérignies et au chemin de Tourmignies à Drumez.

Jean d'Assignies, 1389. — Jean d'Assignies, 1456. — Léon d'Assignies, 1506. — Jennet d'Assignies, écuyer, fils de Léon. — Antoine d'Assignies, frère de Jennet, XVᵉ siècle. — Jacques d'Assignies, écuyer.

Drumez, à Attiches, près des bois du Plouich, domaine du châtelain de Lille qui y percevait des rentes en avoine, chapons et gelines.

BACHY.

La seigneurie de Bachy, relevant de la terre de Templeuve en Dossemez, à 20 livres de relief, se composait au XVIIᵉ siècle, des deux fiefs réunis de Bachy et de Baudimont, comprenant un beau château entouré d'eau, une cense et 60 bonniers de terre labourable, 34 bonniers de bois, 13 bonniers de jardinage, prés, pâtures, etc.; un terrage d'une gerbe de chaque *diseau* sur 40 bonniers, un moulin à vent avec 10 cents et demi de terre, des rentes en avoine, en blé, en chapons et en argent, et 40 hommages parmi lesquels : Montifaut, — Le Bus, — Harchelaines Sacquemère à Bachy. — L'abbaye d'Anchin possédait sur le village de Bachy des droits de juridiction dont elle obtint la confirmation du Saint-Siége au XV° siècle (Escaillier, 216).

Bachy avait pour armes : *de gueules au chef d'or, chargé d'un lion de sable au canton dextre du chef.*

Le fief primitif de Bachy appartenait en 1389 à Gilles de Baudimont dit Noiseux, en 1417 à Jean de Baudimont et en 1470 à Allard de Calonne.

Le fief réuni était possédé en 1389 par Jeanne du Forest, dame de Hem, fille d'Allard, seigneur de Hem, et femme d'Olivier de Cuinghien, écuyer, seigneur de Fresne. — Ils eurent pour successeur, en 1417, leur fils Gérard de Cuinghien qui épousa Jeanne de Hingettes, dame des Aubeaux, à Bondues, et de Lomme, dont il laissa 4 fils : 1° Messire Jean de Cuinghien, seigneur de Hem, des Aubeaux, de Lomme, de Sailly et de Capinghem, qui fit le pèlerinage de Jérusalem, mourut le 11 mars 1483 et fut inhumé dans la chapelle des Jacobins à Lille; 2° Jacques de Cuinghien, seigneur de Fresne et de la Grande-Vigne; 3° Luc de Cuinghien, seigneur de Fauquenal et de Tourmignies, mort le 9 février 1502; 4° Philippe de Cuinghien, dit de Hem, écuyer, seigneur de Bachy en 1502, marié à Bonne de Wailly qui fut enterrée, ainsi que son mari, dans l'église de Bachy. Cuinghien portait *d'argent à 4 chevrons de gueules.*—Antoinette de Cuinghien, fille unique de Philippe et de Bonne de Wailly, qui avait épousé, vers 1490, Antoine de Tenremonde, écuyer, seigneur de Mérignies, laissa la seigneurie de Bachy dans cette maison. De Tenremonde portait : *plumeté d'or et de sable.*

Antoine de Tenremonde et Antoinette de Cuinghien eurent quatre enfants dont l'aîné Philippe de Tenremonde fut seigneur de Bachy. Il mourut avant son père ne laissant que deux enfants :

Philippe qui suit et Françoise, dame de Beaufremez à Wazemmes et à Ennetières en Weppes. — Philippe de Tenremonde, seigneur de Bachy, des Fremaux, de Bercus et de Mérignies, capitaine de gens de pied et de cheval, fit les guerres d'Allemagne sous l'empereur Charles-Quint, servit aussi le roi Philippe II et fut nommé grand prévôt de Tournai en 1585. Il mourut le 7 mai 1597 et fut inhumé dans l'église de Bachy avec sa femme Catherine de Bercus. Ils eurent cinq enfants parmi lesquels : — Pierre de Tenremonde, chevalier, seigneur de Bachy, de Mérignies et du Gars, grand prévôt de Tournai en 1590 et 1591. Il mourut le 28 avril 1619, laissant huit enfants dont Louis de Tenremonde qui suit et Lamoral-François, seigneur de Mérignies. Il fut enterré dans une chapelle de l'église de Bachy. — Louis de Tenremonde, chevalier, seigneur de Bachy, du Gars, d'Hostel et de Monbrehain, né le 25 août 1603, mourut le 22 juin 1685 et fut inhumé dans la même chapelle que son père en l'église de Bachy. Il laissait de sa première femme Louise de La Broye dame du Bois à Bondues, huit enfants dont l'aîné Marie-Jeanne de Tenremonde, dame de Bachy et du Gars avait épousé Pierre-Ulric de Haudion, écuyer, seigneur de Ghibrechies. Haudion portait *d'azur à 10 losanges d'argent 3, 3, 3 et 1.* — Leur fils Louis-Ulric-Ermenegilde, baron de Haudion, seigneur de Ghiberchies, de Bachy, de la Catoire, de Pipaix et du Gars, époux de Jeanne Hubertine de Warnant dont il eut Nicolas-Alexandre-Antonin, baron de Haudion et de Ghiberchies, seigneur de Bachy en 1735, mort sans postérité. — Louis-Philippe-Marie, comte de Palme, d'Espaing, seigneur de Bachy, maréchal de camp; figure parmi la noblesse du Bailliage de Lille, assemblée pour l'élection des députés aux États-généraux de 1789. Il fut l'un des commissaires chargés de correspondre avec les députés.

Montifaux, à Bachy, tenu dudit Bachy, fief vicomtier, consistant en 19 bonniers en une masse tenant aux terres des Happeliers, au chemin d'Hotelle au moulin de Bachy et au champ Hérault. — Droits et prééminences tels que d'établir bailli, lieutenant, sergent et messiers. — Rentes seigneuriales et terrages. — A cette seigneurie furent réunis avant 1735 les fiefs de Baudimont, du Bus, et un autre fief innommé, de 3 à 4 cents de terre ; ce qui en éleva la contenance à 29 bonniers 5 cents.

La seigneurie de Montifaux appartenait en 1578 à Georges de Calonne, en 1585 à Nicolas de Calonne, exempté, comme noble, du droits de francs-fiefs aux quartiers de Lille, Douai et Orchies, et en 1683 à Louis de Bonmarché. — Antoine d'Inville, avocat au parlement de Tournai, en fit l'acquisition en 1686 et en servit le rapport et dénombrement au seigneur de Bachy le 30 juin 1698. — Elle fut vendue le 12 novembre 1710 à M. Taviel qui eut deux filles, Marie et Catherine. Marie Taviel, douairière de messire Fery-Nicolas d'Esclaibes, chevalier, seigneur d'Amervalle, mourut sans enfants le 23 mars 1735, laissant la seigneurie de Montifaux à sa sœur Catherine, dame de Boisgrenier, et épouse de Pierre Wielens, qui en fit le dénombrement au seigneur de Bachy, le 26 juillet 1735. — Peu de temps après, Montifaux appartenait à Marie-Françoise-Michelle Libert, dame de Quarte et du Molinel, qui, veuve de M. Bidé de La Grandville, se remaria à Balthazar-Alexandre de Sainte-Aldegonde, comte de Genech, dont elle fut la seconde femme. De cette union naquit en 1752, Marie-Catherine-Françoise-Josèphe de Sainte-Aldegonde, qui reçut de ses parents, entre autres domaines, la cense, terre et seigneurie de Montifaux, par contrat de mariage, du 2 avril 1774, avec messire Antoine-Louis, marquis de Wignacourt. Celui-ci assista, avec la noblesse du bailliage de Lille, à l'élection des députés aux États-généraux, en 1789 ; il vendit, en 1808, non plus la seigneurie, mais la ferme de Montifaux à M. Hoverlant, ex-Législateur, auteur d'une histoire de Tournai, d'où sont tirées ces notes sur Montifaux (T. 56).

Baudimont, à Bachy, tenu dudit Bachy à cent sous de relief. contenant 9 bonniers, un cent de terre labourable tenant aux terres des Happeliers et aux prairies entre Hotelle et Bercus. — Réuni à Montifaux avant 1735.

Le Bus, à Bachy, tenu dudit Bachy, contenant un bonnier de terre tenant au chemin d'Hotelle au moulin et au pont d'Escleps, au pret Norguet et aux terres des Happeliers.

Le champ Hérault, à Bachy, tenu dudit Bachy à 100 sous de relief, contenant 14 cents de terre labourable, tenant au chemin d'Hotelle au moulin de Bachy.

Nicolas Garin ; Nicolas-Jean Garin, son fils. — Dame Marie Taviel, douairière de messire Fery-Nicolas d'Esclaibes, chevalier, seigneur d'Amervalle, morte sans enfants, le 23 mars 1735. — Catherine Taviel, sa sœur et héritière, dame de Boisgrenier, épouse de Pierre Wielens.

Le bois du Quint, à Bachy, tenu de la seigneurie de Templeuve en Dossemez à 10 livres de relief ; contenant 12 bonniers 14 cents tenant au bois du Temple de Cobrieux et au bois des Crenelles.

Louis de La Hamaide, écuyer, seigneur de Haudion, à lui échu par le trépas de Nicolas de La Hamaide, son père ; commencement du XVII° siècle.

Norguet ou **Noirguet**, à Bachy, relevant de la seigneurie de Templeuve en Dossemez, contenant 16 bonniers 1/2 de terre.

Au XVII° siècle à la famille de Pailly. — Charles Becquet, procureur à Lille, l'acheta le 12 juin 1699, moyennant 1272 livres parisis de la curatelle de feu Jean-François de Pailly, seigneur de Rabecq. Le fief de Norguet passa peu de temps après par alliance dans la famille de Madre dont une branche en a pris le nom. — Louis-Albéric-Joseph de Madre, écuyer, seigneur de Norguet, figure parmi la noblesse du bailliage de Lille, assemblée pour l'élection des États-généraux de 1789.

Hôtel, **Hostelle**, **Hostel**, à Bachy, tenu de Cobrieux.

Philippe de Tenremonde, chevalier, seigneur de Bachy, Mérignies, Monbrehain, Hostelle, La Broye, Merchin, etc., mort le 7 mai 1585.— Son fils, Pierre de Tenremonde, seigneur de Bachy, Hôtel, etc., mort le 28 avril 1619. — Son fils, Louis de Tenremonde, chevalier, seigneur de Bachy, d'Hôtel, des Pretz, etc., mort le 22 juin 1685. — Ses successeurs seigneurs de Bachy, jusqu'après 1735.

Les Près, à Bachy, tenu de Cobrieux ; situé sur le sentier d'Hôtel à Baisieux.

Louis de Tenremonde, chevalier, seigneur de Bachy, d'Hôtel, des Près, etc., mort le 22 juin 1685. — Ses successeurs seigneurs de Bachy jusqu'après 1735.

BERSÉE.

Fief vicomtier, tenu du Forest, ressortissant du bailliage de Lens en Artois. — En 1229, le comte Ferrand et la comtesse Jeanne donnent à l'abbaye de Marquette la dîme de Bersée, après l'avoir rachetée de Gilles du Quesnoy et de Sara, sa femme, qui la tenaient d'eux en fief. (Miræus, IV, p. 234).

Famille de ce nom aux XIIIᵉ et XIVᵉ siècles : Gérard de Bersée et Tassard, son frère, sont témoins, en 1288, d'une vente faite à l'abbaye de Flines (Hautcœur, *Cart. de Flines*, CCLXIV). — Gérard vivait encore en 1290 (Ibid. CCXCI. — *Souvenirs de la Flandre Wallonne*, t. 10, p. 23). — Le 26 juin 1293, Ansel de Bersée, Aufelix, sa femme, et Amaury, leur fils, vendent à l'abbaye de Flines plusieurs terres sises à Nomain. (Hautcœur, CCCXVIII et CCCXXII). — En 1331-1335, Amaury de Bersée, écuyer, fils d'Ansel, vend à noble dame Marguerite de Château-Villain, nonne à l'abbaye de Flines, ses alleux de Nomain, tenus des Timaux de Lille. (Ibid. CCCCL, CCCCLII, CCCCLX et CCCCLXX). — Jean de Bersée, écuyer, fils d'Amaury, tient de l'abbaye de Flines un hommage à Nomain. (Ibid., t. 1, p. 474). En 1347, il est bailli des Dames de Flines, à Templeuve, et passe à loi la vente du fief de Lannoy, audit Templeuve. (Ibid. DXXVII). Il était mort en 1352 et avait pour héritier son neveu Jacques d'Auby, (Ibid. DXLV).

Suivant **Hoverlant** (Hist. de Tournai , **T. 64**), **Bersée aurait eu**
pour seigneurs : au XIVᵉ siècle , messire **Mouton** , et en **1405**,
Alexandre d'Aniche, écuyer, époux d'Ide de Mowy. Leurs filles
Mariette et Pierronne auraient épousé, successivement, un seigneur
de la maison de Vendegies et lui auraient porté la terre de Bersée.
Cette terre serait ensuite passée dans la maison des Montmorency
par le mariage d'Anne de Vendegies, fille et héritière de Sanche,
avec Ogier de Montmorency, seigneur de Wastines. Montmorency
portait *d'or à la croix de gueules cantonnée de 16 alérions* et chargée
de trois besants d'argent (comme brisure jusqu'en 1570). — Leur
fils Jean de Montmorency, seigneur de Wastines et de Bersée,
écuyer et premier échanson de Philippe II ; né en **1488**, mort en
1538 (ou **1521**), épousa Anne, fille de Louis de Blois, seigneur de
Trélon, d'où François de Montmorency, baron de Wastines, seigneur de Vendegies et de Bersée , commandant de Lille, Douai et
Orchies, mort en 1594, époux d'Hélène Vilain, fille d'Adrien, seigneur de Rassenghien et de Marguerite de Stavèle , d'où Louis de
Montmorency, seigneur de Beuvry, tué à Ostende en 1585, époux
de Jeanne de Saint-Omer, fille de Jean , vicomte d'Aire, seigneur
de Morbecque, laissant : Jean de Montmorency, comte d'Estaires,
baron de Wastines, prince de Robecque et marquis de Morbecque,
chevalier de la Toison d'Or, mort en **1631** , époux de Madeleine
de Lens, d'où : Eugène de Montmorency, prince de Robecque,
marquis de Morbecque , comte d'Estaires , chevalier de la Toison
d'Or, mort en **1683**, époux de Marguerite-Alexandrine de Ligne-
Arenberg. — Leur fils Philippe-Marie de Montmorency, prince de
Robecque, marquis de Morbecque, mort en 1691.

En 1699, messire Charles-Philippe-Jean-Dominique de Montmorency, prince de Robecque, marquis de Morbecque , comte
d'Estaires, baron de Haverskerque et de Wastines, seigneur de
Bourel, possédait la terre de Bersée qu'il vendit avec la baronnie
de Wastines à Pierre-Allard de Lannoy, écuyer, seigneur de
Fretin, du Carnoy, etc. — Cette terre fut ensuite vendue au sieur
Fievet, négociant à Douai , qui la possédait au temps de Jacques

Le Groux (Flandre Gallicane), en 1769 Philippe de Surmont était seigneur de Bersée, Platterie, Haute-Rue, etc.

Bersée-aux-Mottes, à Bersée, fief tenu de la principauté d'Épinoy.

Au commencement du XV⁰ siècle, Jean Bourlinet, chevalier, seigneur de Bersée-aux-Mottes, Esplechin, etc., et Marie de Rouvroy, dite de Saint-Simon, son épouse. — Leur fille, Jeanne de Bourlinet, dame de Bersée et d'Esplechin, épouse de Jean du Chasteler, seigneur de Moulbais et de Carnin, morte vers 1486. — Leur fils aîné, Philippe du Chasteler, dit Bourlinet, seigneur de Moulbais, Bersée, etc. — Jean du Chasteler, frère et héritier de Philippe, seigneur de Moulbais, vicomte de Bavay, fit, en 1520, rapport du fief de Bersée au lieu qu'on dit la Motte, tenu de la principauté d'Épinoy. — Jean du Chasteler, fils du précédent, fit rapport du fief de Bersée en 1576; il mourut sans génération en 1599. — Gabriel du Chasteler, frère et héritier de Jean, fit, en 1602, rapport du même fief que, probablement, il vendit avec le fief d'Esteules au baron de Wastines, qui le possédait en 1614.

Esteules, à Bersée, fief tenu de la principauté d'Épinoy.

1520, à Jean du Chasteler, seigneur de Moulbais et de Bersée-aux-Mottes. — 1576, Jean du Chasteler, fils du précédent. — 1602, Gabriel du Chasteler, frère et héritier de Jean. — 1614, le baron de Wastines.

Raisse ou **Rache**, à Bersée, pairie tenue de la principauté d'Épinoy.

En 1614, au baron de Wastines.

Raisse, Bersée-aux-Mottes et **Esteules**, à Bersée.

Le 1ᵉʳ avril 1614, réunion de trois fiefs en un seul, au profit du baron de Wastines, savoir : le fief, justice, terre et seigneurie de Bersée au lieu que l'on dit Les Mottes; l'autre, nommé le fief d'Esteules, gisant en la paroisse de Bersée; le troisième nommé la pairie de Raisse ou Rache, à Bersée; tous trois tenus de la principauté d'Épinoy, et à présent nommé le fief, terre et seigneurie de Raisse, Bersée-aux-Mottes et Esteules, au relief d'un cheval de bataille et armes estimés 200 florins.

Beuvry, *Bucry*, à Bersée; ce fief était une enclave du Tournaisis; il contenait 20 bonniers à gauche du village, vers Orchies. Le fief de La Berrandrie, à Bersée, en relevait.

A la famille de Montmorency. Le prince de Robecque relevait ce fief le 30 juin 1696.

La Berrandrie, à Bersée, fief tenu de la seigneurie de Beuvry, contenant 6 bonniers de terre à labour.

A Robert de Sion qui l'avait acquis en **1571**.

Bellincamp, à Bersée, fief et cense comprenant 16 bonniers, 5 cents de terre, 75 rasières d'avoine, 24 chapons « et aultres menutez. »

A Romain Fruict qui en paya le droit de nouvel acquêt, en 1602.

Boulerieu, à Bersée, tenu de la seigneurie de Wastines, consistant en 35 rasières d'avoine et une poule de rentes seigneuriales et foncières.

A Romain Fruict qui en a payé le droit de nouvel enquêt, en 1602.

La Hargerie, à Bersée, fief tenu du château d'Orchies.

Martin Goy, bourgeois de Douai, 1418. (Hautcœur, *Cartul. de Flines*, p. 748). — Gilles Gossuin, vicomte de la Hargerie, 1456. (Ibid. p. 822). — Pierre de Raisse, chevalier, seigneur de la Hargerie, 1472 (ibid. p. 852); bailli d'Orchies, 1480 (ibid. p. 859). — François de Rasse, seigneur de la Hargerie, marié à Anne de Fouquerolle, dame de la Motte-Muzinghien, XVIe siècle. — Antoinette de Rasse, leur fille et héritière, veuve de Jean III, seigneur de Soyecourt, épousa en secondes noces Louis d'Oignies, chevalier des Ordres du Roi, Conseiller en ses Conseils d'État et privé, surintendant de ses finances, capitaine de 50 hommes d'armes, gouverneur de Corbie. Il signala son zèle pour le service du roi Charles IX qui érigea en sa faveur la seigneurie de Chaulnes en comté, par ses lettres de décembre 1563. Louis d'Oignies et Antoinette de Rasse eurent six enfants. L'aîné, François d'Oignies, comte de Chaulnes, fut tué à la bataille de Saint-Denis, le 10 novembre 1567, sans avoir été marié ; il laissa sa succession à son frère cadet. — Charles d'Oignies, comte de Chaulnes, seigneur de la Hargerie, Conseiller d'État, capitaine de 50 hommes d'armes des Ordonnances du Roi, fut créé chevalier du Saint-Esprit le 31 décembre 1585. Il s'allia à Anne Jouvenel des Ursins, dont il eut trois enfants : Louis, Madeleine et Louise d'Oignies. — Louis d'Oignies, comte de Chaulnes, chevalier des Ordres du Roi en 1597, gouverneur de Péronne, Montdidier et Roye, lieutenant général au gouvernement de Picardie, mourut sans enfants d'Anne d'Humières, son épouse. (Nobiliaire des Pays-Bas).

BOURGHELLES.

Fief, terre, juridiction et seigneurie, tenu de Cysoing en toute justice haute, moyenne et basse, et droit de Senne ; comprenant des rentes dues par 13 hôtes, un terrage sur 18 bonniers, plaids généraux trois fois l'an, pennage des pourceaux, tonlieux et maltotes, sang de larron, estrayers, avoir de bâtard, épaves et 7 hommages.

Le village de Bourghelles, situé sur le grand chemin de Lille à Valenciennes, à une demi-lieue de Cysoing, comprenait 69 bonniers avec l'église paroissiale, dépendants de la châtellenie de Lille, et 231 bonniers, 8 cents, dépendants du Tournaisis. (Notes relatives à l'échange des enclavements, entre les Etats de Lille et ceux du Tournaisis, en 1716).

Un titre de 1741, rapporté par Hoverlant (*Hist. de Tournai*, t. 64), constate qu'avant cette époque on avait réuni à la seigneurie de

Bourghelles deux fiefs : le Chastel et Hennehout, tenus de la cour du maire à Tournai.

Bourghelles portait : *d'argent au chef de gueules*, armes de l'ancienne maison de Bourghelles dont les sceaux figurent un plein sous un chef.

Seigneurs et personnages du nom de Bourghelles : — Allard et Gilbert de Bourgele, témoins d'un acte du comte Philippe d'Alsace relatif à l'abbaye d'Anchin, 1185. (Fonds d'Anchin).

Boissart de Borghella promet, ainsi que son frère Gillebert, d'exécuter le traité fait entre le comte Bauduin et les habitants de Tournai, 1197 (Poutrain, II, pièces justif.); Bussardus de Borghella souscrit en 1198, avec d'autres hommes du comte Bauduin, la charte par laquelle ce prince confirme la cession faite à l'abbaye de Ninove, de la dîme de Voorde, par Berthe de Steenhuyze. (*Cartul. de Malines.* — De Smet, *Corpus Chron. Fland.*, p. 814). Bokard de Burgelles figure parmi les seigneurs qui jurent d'observer le traité d'alliance entre Bauduin, comte de Flandre, et Jean, roi d'Angleterre, 1199 (1er cart. de Hainaut, pièce 161); Boissart de Burguieles, 1204 (Carpentier, 268); Bouchard de Bourghelles, 1226, dans un titre de l'abbaye de Loos, 83

Gillebert de Bourghelles, frère de Boissart, Bokard ou Bouchard, 1197; époux d'E..., veuve d'un châtelain de Lille, est l'un des procureurs ou baillis en Flandre du comte Bauduin, empereur de Constantinople; remplit par intérim la charge de châtelain de Lille, 1200-1207 (Mes châtelains de Lille); est sollicité par Jean, roi d'Angleterre, d'entrer à son service, 1er juin 1212; il en reçoit 20 marcs d'argent, 13 juillet 1213 (Wauters, *Chartes et Diplômes*, T. III); est désigné parmi les arbitres chargés de déterminer la part que Bouchard d'Avesnes doit avoir en Flandre et en Hainaut à cause des droits de Marguerite, sa femme, 3 avril 1214 (1er Cart. de Hainaut, pièce 13). Le 19 novembre 1215, Gilbert de Borghela est caution, avec trois autres seigneurs, de la comtesse Jeanne, permettant aux moines de Saint-Bavon d'exploiter, à leur profit, toutes les bruyères de la paroisse d'Everghem ; leur concedant, en outre, 80 bonniers de terre inculte, à leur choix, entre l'Escaut et la Dorme ; leur donnant enfin 500 bonniers de terre appelée Utdic, située dans le métier de Hulst. (Serrure, *Cartul. de Saint-Bavon*, pages 92 et 93). — Gillebert et E... fondent, du consentement de leur fils, la chapelle de Quinquempois à Flers, 1220 (Les châtelains de Lille); — Gillebert de Burgella, 1238 (Hautcœur, *Cart. de l'abb. de Flines*, XXIII).

Alard de Bourghelles combat avec le comte Fernand à Bouvines où il est fait prisonnier, 1214 (Lebon, *Bataille de Bouvines*); — a pour caution envers le roi de France Hugues de Miraumont, avril 1217 (Wauters, *chartes et diplomes*, T. III). Cet Alard était mort en 1224; le 21 mai de cette année, Clémence, dame de Raive, donnait à l'abbaye de Ghislenghien, pour son âme et celle de feu son mari, Alard de Borghèle, deux bonniers de fief à Fellignies, à elle rapportés par Fastré de Fellignies (Cartul. de l'abbaye de Ghislenghien aux archives de l'État à Mons, N° 46. — Bulletin de la Société de Tournai, T. 14, p. 144. — Alard de Bourghelles, seigneur d'Hem, 1226-1231 (Manuscrit de Muyssart); — Alard et Henri de Borguela, chevaliers, promettent d'observer le traité de Compiègne entre le roi de France et le comte de Flandre, 1237 (Douët d'Arcq).

Henri de Bourgella donne des lettres de garantie pour la délivrance du comte Fernand, 1226 (Warnkœnig, 111,332); — promet d'observer le traité de Compiègne ; son sceau figure *un plein sous un chef* ✠ S' Henrici de Borgella; contre-sceau : l'écu de la face : *secretum meum*, 1237, janvier, à Lille (Douët d'Arcq, *Collection de sceaux*, I, 1505); — figure parmi les arbitres qui adjugent au comte Thomas et à la comtesse Jeanne les terres de Crèvecœur et d'Arleux, forfaites sur Mathieu de Montmirail, 1244 (2ᵉ Cart. de Flandre, pièce 291); — promet d'adhérer à ce que le roi aura décidé touchant la succession de la comtesse de Flandre, Marguerite, 1244, février; son sceau : *un plein sous un chef;* ✠ *Sigillum*

Henrici de Bourghielle mili... contre sceau : l'écu de la face ; + *secretum meum michi* (Douët d'Arcq, I, n° 1506).

Béatrix de Bourghelles, fille de feue Isabelle de Mons, 1253 ; (Hautcœur).

Alard de Rave, sire de Bourghelles, chevalier, fait la guerre d'Italie, en 1268, avec Charles d'Anjou (Kervyn de Lettenhove, T. I.) ; — Le 3 décembre 1297, il reçoit du comte de Flandre cent livrées de terre en récompense de ses services (Cartulaire de Namur, pièce 53) ; — témoin d'un acte du châtelain de Hanut reprenant un fief du comte de Namur, 1300 (J. de Saint-Genois, 1, 976) ; — est mis à mort à Tournai par Philippe-Le-Bel, sous un prétexte frivole, 1307 (Kervyn de Lettenhove, T. III, p. 37).

Henri de Bourghelles, témoin d'un acte de Jean, châtelain de Lille, adhéritant son fils Thomas de 183 livrées de terre à Erquinghem-Lys, 1275 (Chambre des comptes); — présent à un adhéritement de 100 livres tournois au profit de la dame de Romeries, 1285 (2e Cart. de Flandre, pièce 447) ; — Henri de Bourghelles, chevalier, seigneur de Gamans, fils de Mgr Henri et de Mad. Adains, 1288 (M. S. de Muyssart).

Jean de Bourghelles, chevalier, s'engage à se tourner contre le comte Gui, s'il vient à manquer à ses engagements envers le roi de France, février 1275; son sceau : + *S' Johannis militis de Borgele; un plein sous un chef* (Douët d'Arcq, 1, n° 1507).

Boussart d'Hem, fils de Jean de Bourghelles, chevalier, 1287.

Gilbert d'Hem, frère de Jean de Bourghelles et de Wattier, 1289 (M. S. de Muyssart). — En 1290, Jean de Bourgella, fils de feu Simon et de Jeanne de Fouquières, son épouse, fille de Jean, chevalier, vendent à Jean L'Avouet, de Nomain, une rente viagère de 20 livres (Hautcœur, CCLXXXIX).

Marie de Resnesse, dame de Bourghelles, épouse de Godefroi de Montenac, 1456. — Guillaume de Fontaine, seigneur de Melin et de Bourghelles, 1479. — Philippe de Montenac. — Marie, sa fille, épouse de Gilles de Rubempré, chevalier, seigneur de Bièvres, chambellan de l'archiduc Philippe, fit rapport de Bourghelles en 1497. — Leur fils, Charles de Rubempré, chevalier, seigneur de Bièvres et de Bourghelles, épousa Anne de Beusfles, héritière de Vertaing, d'où est venue Marie de Rubempré, dame de Bourghelles, épouse de Jean de Sainte-Aldegonde, chevalier, seigneur de Noircarmes. — Philippe de Sainte-Aldegonde, leur fils, eut de Bonne de Lannoy, Maximilien, comte de Sainte-Aldegonde, seigneur de Noircarmes, qui vendit la terre de Bourghelles au baron de Rongy, vers l'an 1620. Celui-ci la vendit à N. Hovine, comte de Beugcich, intendant des finances à Bruxelles en 1694. — François-Eustache Taviel, chevalier, seigneur du Moulinel, de Boisgrenier et de Bourghelles, substitut du procureur du roi en 1698. (De Liessart, *Notes sur le Bureau des Finances*). — La seigneurie de Bourghelles a été acquise depuis par Robert Huvino, écuyer, qui de N. Lecomte a laissé Pierre-Robert-Martin Huvino, écuyer, seigneur de Bourghelles. Celui-ci épousa en premières noces Marie-Julie-Madeleine de Montmonier, morte sans enfants en 1741, et en secondes noces Caroline Frans, fille d'Alexis-François, secrétaire du roi. Le 4 novembre 1741, il obtint du grand conseil de Malines des lettres de renouvellement de terrier de la seigneurie de Bourghelles, du Chastel et Hennehout réunis. Dame Angélique-Caroline-Joseph Frans, douairière de Pierre-Robert-Martin Huvino, et Louis-Jean-Baptiste-Joseph Huvino, écuyer, seigneur de Bourghelles, figurent parmi la noblesse du bailliage de Lille, assemblée pour l'élection des députés aux États-généraux de 1789.

Hallut, à Bourghelles et Cysoing. — En 1251, Arnoul, sire de Cysoing, déclare que l'abbaye de Marchiennes lui a donné ses hôtes de Bourghelles et toute la terre qu'elle avait dans les paroisses de Cysoing et de Bourghelles, qu'on dit la terre de Hallut, en toute justice haute et basse, à tenir en fief de l'abbaye. (Cart. de Marchiennes, p. 260).

Bersée, à Bourghelles et Cysoing, fief, terre, justice et seigneurie tenu de la seigneurie de Pottes, comprenant 5 bonniers, 5 cents de bois, un bonnier de pré, trois quartiers de pâtures et 22 bonniers de terre ahanable; des rentes en argent, en blé, en pains, chapons et poules, plaids généraux trois fois l'an.

A Jean, seigneur de Lannoy et de Rume, qui, le 13 mai 1446, l'a vendu à noble homme Guillaume Fernesti, conseiller du duc de Bourgogne et de Brabant, pour la somme de 2650 livres de Flandre, 2 gros de denier-à-Dieu, cent gros de *carité* et cent gros de courtage (titre de la Chambre des comptes à Lille).

BOUVINES.

En 1002 ou mieux 1022, (Desplanque, *Cart. du Nord.*) Arnould et Richilde, sa femme, donnent aux frères du monastère de Saint-Amand le domaine de Bouvines avec toutes ses dépendances et avec les serfs qu'ils dénomment, lesquels payeront chaque année à saint Amand 2 deniers de cens, 6 deniers à titre de main-morte et pareille redevance lors de leur mariage. — En février 1231, un accord est conclu entre le comte et la comtesse de Flandre d'une part, et l'abbé de Saint-Amand, d'autre part, au sujet de l'Avonerie de la haute justice de Bouvines (Wauters, *De l'origine des libertés communales en Belgique*, preuves, p. 117). — Coutume particulière.

Bouvines porte *bandé de six pièces d'or et d'azur.*

CAMPHIN.

Ce domaine appartenait à saint Evrard, fondateur de l'abbaye de Cysoing. Il le donna à Adelard, son troisième fils, par son testament de l'an 837 ou mieux 873 (Desplanque, *Cart. du Nord*), et l'on croit que celui-ci laissa le fonds à ladite abbaye gardant la seigneurie pour lui et ses successeurs seigneurs de Cysoing (Voir Cysoing).

Camphin portait *de sable au lion d'argent*.

Baudou, dit **Bouchigay**, à Camphin en Pévèle, fief vicomtier, tenu de la baronnie de Cysoing, consistant en rentes.

Charles de la Hamaide, chevalier, seigneur de Chéreng, 1595.

Beaulieu, à Camphin en Pévèle, fief vicomtier tenu de la baronnie de Cysoing à 10 livres de relief; comprenant 9 quartiers de terre sur le chemin du moulin de Camphin à Baisieux, vers Rembogay, 2 hôtes, 8 tenants et 7 bonniers de terrage des 10 gerbes l'une qui devaient un mouton cornu.

Nicolas de la Hamaide, écuyer, seigneur de Haudion; — Jean Gombaut, seigneur d'Archimont, par achat du précédent, 1595.

Le Bloceus, au hameau de Crepelaine à Camphin-en-Pévèle, tenu de l'abbaye de Cysoing, contenant parmi maison, jardin, prés et terres à labour, 22 bonniers.

Acquis en 1554, par Marie de Chaffoureu, veuve de Jean de Langaigne. — Les héritiers de celle-ci.

La Bouchardrie, à Camphin-en-Pévèle; fief vicomtier tenu de la baronnie de Cysoing à 20 livres de relief, et composé de deux fiefs réunis en 1520, sous le nom de La Grande Bouchardrie; comprenant 20 bonniers. 7 cents et des rentes.

Ferdinand Witz, écuyer, 1595.— Demoiselle Marie-Catherine-Henriette Wacrenier, dame de la Bouchardrie, figure parmi la noblesse du bailliage de Lille, assemblée pour l'élection des députés aux États-généraux de 1789.

Brassele, à Camphin, tenu des religieux de Cysoing, contenant parmi lieu manoir, jardin et terres à labour, 6 bonniers.

A Adrien Baillier pour la moitié acquise en l'an 1574. (Répertoire des fiefs).

Châtillon, à Camphin, fief tenu de l'abbaye de Saint-Amand, contenant 7 bonniers, 48 verges de terre.

Hoël Havet fit le relief de cette terre en 1738 (Hoverlant, *Hist. de Tournai*, T. 64, p. 122).

Haynaut, à Camphin-en-Pévèle, fief désigné par le nom de son ancien propriétaire Jean Hainaut, au XIIIe siècle, (Hoverlant, T. 64, p. 119) tenu de la baronnie de Cysoing en justice de vicomte et à 10 livres de relief; comprenant 3 bonniers 704 verges tenant au chemin de Camphin à Lille, des rentes sur 4 bonniers, un quartier de terre à terrage et deux hommages : la Petite Bouchardrie et un autre.

Marie de Thieffries, veuve de Jean Le Rique, 1595.

Luchin, à Camphin-en-Pévèle, fief vicomtier et seigneurie tenu de la baronnie de Cysoing à 10 livres de relief; comprenant 43 bonniers sur le chemin de Camphin à Gruson, tenant du côté de Tournai aux terres de la Bouchardrie et au fief Hainaut; plusieurs hôtes et tenants, 3 bonniers 1/2 de terrage.

Marie Louchier, dame de Luchin, épouse de Jean de la Hamaide, seigneur de Chereng; — Michel de la Hamaide, leur fils, XVe siècle. — Gérard Bernard, fils de Florent, écuyer, seigneur d'Esquelmes, Florens, etc., 1595; exempté, comme noble, du droit de francs-fiefs aux quartiers de Lille, Douai et Orchies. — Dame Marie-Robertine Le Pinel, douairière de messire Anson de La Merville, pour son fief de Luchin, figure parmi la noblesse du bailliage de Lille, assemblée pour l'élection des députés aux États-généraux de 1789.

Le Ruereul, à Camphin-en-Pévèle, tenu de la baronnie de Cysoing à une blanche lance sans fer de relief et une blanche lance quand on va en ost; contenant 2 bonniers 2 cents.

Valentine de Landas, épouse de François Le Preud'homme, écuyer, seigneur de Coisne.

CAPPELLE.

Le 9 avril 1229, par les soins de Walter de Marvis, évêque de Tournai, la chapelle de Saint-Nicolas, bâtie pour les habitants de hameaux éloignés de l'église de Templeuve, était érigée en paroisse du consentement de l'abbé d'Anchin et prenait le nom de Cappelle-en-Pévèle (Mémoires de la société de Tournai, T. I, p. 273) et aussi de Cappelle à Wastines.

La nouvelle paroisse ne formait pas par elle-même une seigneurie ; c'était une dépendance du domaine de Templeuve appartenant à l'abbaye d'Anchin, à qui, vers 1240, le comte Thomas accorda pleine et entière juridiction, c'est-à-dire haute, moyenne et basse justice (Escaillier, 156). — Au mois de mars 1254, Arnoul, sire de Cysoing, chevalier, co-propriétaire de Landas, reconnaissait avoir vendu à cette abbaye, pour 350 livres parisis, tout ce qu'il possédait dans les paroisses de Templeuve-en-Pévèle et de Saint-Nicolas, tenues en alleu de la terre de Landas, excepté les quatre cas de justice souveraine (Chambre des comptes, *Original*).

Un seigneur de Wastines, de la maison de Montmorency, eut sa sépulture dans le sanctuaire de l'église de Cappelle où l'on voyait une grande pierre bleue sculptée avec cette épitaphe et les quartiers généalogiques du défunt.

« Cy gist noble homme Ogier de Montmorency, seigneur de
« Wastiennes et de Barly, qui trespassa le 14ᵉ jour de décembre
« l'an 1523. Priez Dieu pour son âme.

« 1. Montmorency. — 2. Château-Vilain. — 3. Melun. —
« 4. Fosseux. »

Il paraît qu'un de ses successeurs acquit de Sa Majesté catholique par forme d'engagère confirmée, à la conquête de la Flandre, par Sa Majesté Très-Chrétienne, la haute justice sur toute la paroisse de Cappelle (Manuscrit Scapelinck). C'est ainsi que Pierre-Louis Jacops d'Hailly a pu dire que Charles-P.-J.-D. de Montmorency, prince de Robecque, vendit, vers **1699**, la seigneurie de Cappelle à Barthélemy de Hangouart, comte d'Avelin, et que le fils aîné de celui-ci la revendit en **1719** à Jean-Philippe Du Beron, payeur des gages de la chancellerie, pour la somme de **13,000** florins (MS. de la bibliothèque de Lille). — Le nouvel acquéreur eut à soutenir un procès très-sérieux contre l'abbaye d'Anchin qui lui disputait le droit de seigneurie sur le village. — Il y bâtit un très-beau château dont le contour, y compris la basse-cour et le jardin, contenait 6 à 7 bonniers de terre. — M. Du Beron n'eut qu'une fille, Marie-Louise-Bonne du Beron qui épousa M. Louis-Robert de Crény, chevalier de Saint-Louis. — De Crény, seigneur de Cappelle, fit défaut à l'Assemblée de la noblesse du Bailliage de Lille qui prit part à l'élection des députés aux États-Généraux en **1789**.

Wastines, à Cappelle-en-Bersée ; fief vicomtier relevant du château de Douai (?), comprenant parmi château, motte, fossés, basse-cour, jardins, prés et terres labourables, 28 bonniers, un moulin à vent avec 8 cents de terre et 4 cents de terre sur la place de Wastines ; 160 chapons, 248 poules et 382 rasières d'avoine de rentes ; 38 hommages, droit de plantis sur les flégards et place du dit Wastines et Haute-Foix — Wastines avait son échevinage particulier.

Cette terre a donné son nom à une ancienne famille noble du pays, qui portait *d'argent à la bordure d'azur*, alias *de sable*. C'était sans doute une branche de la maison de Landas qui possédait Wastines dès le X° siècle — Marguerite, dame de Wastines et d'Estrées, en **1295**, était veuve de Mgr Alard de Wastines. — Colard et Alard de Wastines, chevaliers, successivement seigneurs du lieu, trouvèrent leur sépulture dans l'église de Cappelle, le dernier en **1424** (Buzelin). — Le successeur d'Alard fut son fils Jean de Wastines. — Marguerite, petite-fille, sans doute du précédent, fille de Jean, seigneur de Wastines et de Marguerite de Joigny, épousa vers **1462** Louis de Montmorency, chevalier, baron de Fosseux, Barly, Hauteville, la Tour de Chaumont, etc., cham-

2

bellan du roi Charles VIII, qui mourut en 1490. — Ils eurent pour successeur leur fils Ogier de Montmorency, seigneur de Wastines, de Vendegies, etc., par qui commence la série des Montmorency, seigneurs de Bersée (Voir cette seigneurie).

En 1699, messire Charles-Philippe-Jean-Dominique de Montmorency, prince de Robecque, baron de Wastines et seigneur de Bersée, vendit ces deux terres à Pierre Alard de Lannoy, écuyer, seigneur de Fretin. — Celui-ci revendit séparément, en 1700, la seigneurie de Wastines à Marie-Angélique-Thérèse Stappart, veuve de Pierre de Lespaul, conseiller, secrétaire du Roi au Parlement de Flandre, pour la somme de 6,260 florins.

L'Espierre, à Cappelle-en-Pévèle, fief vicomtier tenu de la salle de Lille au relief d'une paire de blancs éperons ; consistant en 30 deniers de rente sur 3 bonniers tenant au chemin de Mons-en-Pévèle et au grand chemin d'Orchies à Lille.

Baudart de Baustel en a fait rapport le 6 mars 1372 ; un autre Baudart de Baustel le 12 décembre 1388. — Plus tard, à Jacques du Vrelier, 1588. — Demoiselle Catherine du Vrelier, épouse de Hugues Des Quesnes, procureur postulant au siège de la gouvernance de Lille, qui fit rapport du fief de l'Espierre le 11 octobre 1622.

Les Préaux, à Cappelle-en-Pévèle, fief vicomtier tenu de la salle de Lille à 60 sous de relief, comprenant 5 quartiers de terre ahanable, tenant à la voie qui mène de Cappelle à Wastines et au courant devant la Rusquerie ; un muid d'avoine ; 4 chapons et 13 deniers de rente.

Jean Labis fit rapport de ce fief le 7 mars 1372 ; — Jacquesmes Cabis le 16 décembre 1388. — Olivier Pasquier, fils de Louis, vendit les Préaux, au mois de janvier 1622, à messire Jean de Montmorency, chevalier, seigneur d'Estaires Ce dernier étant mort en octobre 1631, le fief fut relevé par son fils, François-Philippe de Montmorency. — Vendu en 1699 par le prince de Robecque.

Les Rozières, à Cappelle-en-Pévèle, fief vicomtier tenu de la Salle de Lille au relief de la chanson d'Anderger Le Breneux ; consistant en 24 razières d'avoine et 15 deniers de rente.

Pierre du Bosquiel, bourgeois de Lille, fit rapport de ce fief le 2 février 1372 ; — un autre Pierre du Bosquiel fit le même rapport le 20 juillet 1389. — Jacques d'Ypres, 18 janvier 1456. — Guillaume de Le Noe, fils de Jean, 2 mai 1497. — Catherine de Le Noe, femme de Jean Au Patin, 1561· — Anne Au Patin, fille dudit Jean, épouse de Jacques Descours. — Jean Descours, fils de Jacques Philippe Descours, 1588. — Anne Descours, sœur et héritière de Philippe et épouse de Michel Le Pippre, qui releva le fief en 1598. — Marie Le Pippre le releva à son tour au trépas de son père en décembre 1603 ; elle était femme de Jacques Des Prets. — Anne Des Prets, leur fille, épouse de Pierre Baillet, 1618. Ceux-ci vendirent le fief à Wallerand Du Gardin, le 21 août 1624. — Jacques Du Gardin par le trépas de Wallerand, 1641. — Élisabeth Du Gardin au décès dudit Jacques, 1643. — Nicolas Guidin, avocat, licencié-ès-lois, sieur de Zuevelberg, 1694. — Marie-Madeleine Guidin, fille du précédent, au trépas de son père, 1700 ; elle était femme d'Hubert Langlard. — Charles-Hubert Langlard, au décès de son père, 1730.

Touart, à Cappelle en Pévèle, fief tenu du châtelain de Lille à 10 livres de relief, comprenant en rentes seigneuriales 56 rasières d'avoine, 28 poules. 2 chapons et un franc en argent sur 13 bonniers d'héritage ; et les deux tiers des dîmes recueillies sur lesdits 13 bonniers.

Guillaume Fernesti, bourgeois de Tournai, 1456. — Jean Cottereil, écuyer, seigneur d'Erre, d'Espaing et d'Esplechin. — Hugues Cotterel. — Hugues, fils du précédent. — Les Montmorency, seigneurs de Wastines. — Jean-Philippe du Beron, par achat du prince de Robecque, le 12 août 1699. — En 1735 à Marie-Louise-Bonne du Beron, fille unique du précédent, épouse de M. Louis-Robert de Crény, chevalier de Saint-Louis.

Thieulaine, à Cappelle, tenu des religieux d'Anchin; comprenant 2 bonniers de terre à labour et des rentes seigneuriales en avoine.

Acquis en 1582, par Noël Bridoul, procureur postulant à Lille. (Répertoire des fiefs).

Villers, à Cappelle en Pévèle, fief vicomtier tenu des religieux d'Anchin, de leurs francs-alleux de Templeuve, valant 18 livres de revenu par an au XIV° siècle.

A Gérard de Villers qui le vendit, le 4 février 1341, aux dames de Flines, pour 1200 livres parisis. (Hautcœur, *Cartul. de Flines*, pages 576, 577 et 589).

Lacarle, à Cappelle et Bersée; fief tenu de la seigneurie de Launay, comprenant 15 à 16 bonniers, parmi lieu manoir, jardin, prés et terres à labour et des rentes sur six bonniers.

En 1699, au prince de Robecque.

Frémicourt, à Wastines, paroisse de Cappelle, comprenant parmi lieu manoir, jardins, bois et terres labourables, 16 bonniers et demi d'héritage et 8 à 9 chapons de rente.

Demoiselle Roussel, veuve d'Antoine de Fournel, seigneur de Beaulieu, commencement du XVII° siècle. (Répertoire des fiefs).— M. d'Hespel d'Hocron, seigneur de Frémicourt en Wastines, figure parmi la noblesse du baillage de Douai qui prit part à l'élection des députés aux États-généraux de 1789.

CHÉRENG.

Chéreng. La seigneurie de Chéreng s'est formée du fief de Montmort, qui comprenait la plus grande partie du territoire et auquel furent rattachées par concession ou par appropriation les prérogatives seigneuriales du village. Toute distinction entre Montmort et Chéreng était effacée au XV° siècle.

Le fief de Montmort tenu de la Salle de Lille à 10 livres de relief, comprenait en 1376, un manoir seigneurial sur motte entourée d'eau et sept bonniers de jardins, 43 bonniers de terre ahanable, 6 bonniers de prés, 16 bonniers de bois, la seigneurie sur 80 bonniers de rejets, pâtures et eaux, 8 rasières 1/2 de blé, 17 rasières, 10 hotteaux d'avoine, 6 livres en argent, un dousel de cervoise, 1 œuf, 56 chapons, 2 oies et un mouton de rente ; un terrage sur 2 bonniers 13 cents; haute justice et le vinage du pont à Tressin ; plaids généraux trois fois l'an; 21 hommages portés à 34 en 1620, parmi lesquels : Le Chastel, les Foreaux, Fremeville, le Sart et Veuzin à Chéreng. Entre les fiefs innommés relevant de Chéreng, l'un devait pour relief un chapon blanc avec une sonnette au pied, un autre deux fers d'argent pesant 2 estrelins ; le possesseur de ce dernier avait, en outre, la charge de renclore comme en prison les bêtes errantes prises dans la seigneurie de Chéreng.

En 1319, Pierre de Gaillard, seigneur de Chéreng, reconnaissait par ses lettres que les bourgeois de Lille étaient exempts de tout droits de ponténage, vinage, chaussée et travers du pont à Tressin. — Un demi-siècle plus tard, la seigneurie de Chéreng ou de Montmort était aux mains de la famille de Rancevillers dont l'héritière avait épousé Gérard de Valy. Le dernier jour de juin de l'an 1376, ce Gérard de Valy, du chef d'Améline de Rancevillers, sa compagne, servait le rapport et dénombrement du fief de Chéreng sous le nom de Montmort. (Répertoire des fiefs). — Après ces deux époux vint un chevalier du nom de Jean des Boves, qui vendit le fief à un bourgeois de Tournai. En 1391, Philippe, duc de Bourgogne et comte de Flandre, mandait au bailli et aux hommes du fief de la Salle de Lille de recevoir le déshéritement fait par Jean des Boves, chevalier, au profit de Jean de Bassy, bourgeois de Tournai, anobli par le roi de France, du fief de Montmort sis en la paroisse de Chéreng. (Chambre des comptes, Invent. somm. B. 1115).

Jean II de Bassy fit rapport du fief le 27 février 1407.— Jean III de Bassy, seigneur de Chéreng, servit le même rapport le 21 mars 1416. Il avait épousé Maigne Le Curesse avec laquelle il gît en l'église de Saint-Quentin à Tournai. Debassy portait pour armes : *de gueules au chef d'or chargé d'un lion de sable*. (Nobiliaire des Pays-Bas). D'après l'*Armorial de Tournai*, la famille de Bachy qui a fourni des prévôts à cette ville portait *de gueules au chef d'or chargé d'un croissant d'azur entre deux étoiles de même*. (Mémoires de la société de Tournai , T. VI). Jean de Bassy et Maigne Le Curesse eurent une fille, dame de Haudion, Haudionchel et Mainvault qui, selon le nobiliaire des Pays-Bas, épousa Thiery, bâtard dé la Hamaide, fils de Jean, seigneur de La Hamaide , de Renaix et de Condé, tué à la bataille D'Azincourt en 1415. La Hamaide portait *d'or à trois hamaides de gueules*

Jean de La Hamaide, seigneur de Haudion , Haudionchel, Mainvault et Chéreng, fils de Thierri et de Maigne Le Curesse , brisa ses armes au canton dextre, en chef, d'un écusson aux armes de sa mère. Il fit rapport du fief de Chéreng le 15 mai 1457, acte dans lequel il se qualifie écuyer. Il épousa Marie de Louchier, dame de Luchin, qui lui donna trois fils: Jacques qui suit, Jean, seigneur de Haudion et Michel, seigneur de Luchin. Jacques de la Hamaide, seigneur de Chéreng, s'était allié en 1458 à Michelle de Croix, dite de Drumez dame de La Vechte, fille de Gauthier et de Jeanne Yseulx, dame de La Vechte. Elle lui donna quatre enfants : Jean , mort sans postérité ; Michel qui suit et deux filles. Michel de La Hamaide, seigneur de Chéreng, eut pour femme Anne de Wingle dont il eut cinq enfants : Jean qui suit ; Henri, chanoine à Cambrai ; Marie, épouse de Louis de La Porte, seigneur de Vertain et de La Quièze à Templeuve-en-Pévèle; Jeanne, alliée à Philippe de Béthencourt ; et Claude prévôt le comte à Valenciennes. Jean II de La Hamaide, chevalier, seigneur de Chéreng, épousa Marie de Namur, fille du seigneur de Trivières. De cette alliance vinrent Charles, qui suit ; et une fille. Charles de la Hamaide, seigneur de Chéreng et de Trivières, gouverneur de Binche, fit foi et hommage pour le fief de Chéreng, le 12 mai 1593. Il mourut en décembre 1596 à

Binche. Il avait épousé Marie de Gulpen, dame de Héripont, qui lui avait donné Charles, qui suit ; deux autres fils et quatre filles dont une mariée à Pierre de Tenremonde, seigneur de Bachy ; celle-ci mourut le 27 octobre 1631 et fut inhumée à Bachy près de son mari. Charles II de la Hamaide, chevalier, seigneur de Chéreng et de Trivières, releva le fief de Chéreng le 27 novembre 1597. Il s'allia à N. de Wils et mourut en avril 1649. Il eut un fils du nom de Jean qui lui succéda. Jean III de la Hamaide, chevalier, seigneur de Chéreng et de Trivières, releva le fief de Chéreng le 4 mars 1650. Il avait épousé avant 1636, Marie de Recourt et de Licques. Le 4 mai 1658, il passait à Bruxelles un acte relatif aux armoiries du Seigneur du Sart (Saint-Genois, *monumens anciens* III, 340), Il mourut en septembre 1668 et c'est au nom de son *hérédité jacente* qu'on releva le fief le 16 septembre de l'année suivante (Déclaration des reliefs appartenant aux religieux de Saint-Jean de Jérusalem). Cette hérédité se retrouve en la personne d'Adrien-Henri-François de La Hamaide, seigneur de Chéreng, colonel au régiment du prince de Nassau, et en celles de son frère Charles, seigneur de Trivières et de Héripont. Le seigneur de Chéreng eut de sa femme Anne-Marie Renard, une fille Anne-Marie de la Hamaide, née le 27 mai 1683, et qui épousa par contrat du 7 septembre 1703, Robert-François Du Chastel de La Hovardrie, chevalier, seigneur de Boussoit. A cette occasion, Charles de la Hamaide se dessaisit au profit de sa nièce, de ses terres et seigneuries de Héripont et Trivières.

On lit dans le *Nobiliaire des Pays-Bas* que Maximilien-François de Fiennes obtint l'érection de ses terres d'Ansaing, de Gruson et de Chéreng en marquisat, sous le nom de Fiennes, par lettres de l'an 1698. Je n'ai pu vérifier cette note dont la *Flandre Illustrée* de Jean de Seur, ni le *Théâtre de la noblesse de Flandre* ne font mention ; mais en ce qui concerne Chéreng, il faut entendre des terres situées en cette paroisse et non la seigneurie même car dès 1694, cette seigneurie avait été vendue au célèbre baron de Vuorden (Arch. départ. Portefeuille de Muyssart).

Michel-Ange de Vuorden avait épousé en secondes noces, le 5 juin 1675, Marie-Catherine de Croix, fille de Jacques et sœur du comte de Wasquehal. Leurs armes, enregistrées à l'*Armorial général de France*, étaient : *d argent à un lion de sinople, lampassé et armé de gueules, chargé sur l'épaule d'un écusson d'or à trois losanges de gueules; accolé : d'argent à la croix d'azur.* Le baron de Vuorden mourut le 3 août 1699 ; il eut pour successeur son fils Charles-Herman, baron de Vuorden, qui mourut sans postérité en 1701. A celui-ci succéda son frère puîné, Louis-Michel, baron de Vuorden, mort aussi sans postérité mâle en 1730, laissant la seigneurie de Chéreng, à sa sœur Marie-Louise, dame de Campagne mariée à N. de Rasoir. Ces deux époux ne laissèrent que des filles dont les deux aînées : Marie-Marguerite-Louise de Rasoir, dame d'Odomez et Marie-Angélique-Bernard de Rasoir, vicomtesse du pays de Langle, dame de Chéreng, Biâtre, Le Hove, Rasoir, etc., épousèrent successivement Jean-Louis de Carondelet, baron de Noyelles-sur-Selle; cette dernière par dispense du pape Clément XII, 23 enfants naquirent de ces deux mariages.

Cette nombreuse famille aura sans doute forcé le baron de Noyelles à vendre la seigneurie de Chéreng, elle fut achetée par Jacques-Ignace-Imbert, contrôleur de la recette des États de Lille, qui la transmit à son fils. On voit figurer parmi la noblesse du bailliage de Lille qui prit part à l'élection des députés aux États-généraux de 1789. M. Jacques-Joseph Auguste Imbert, écuyer, seigneur de Chéreng. Imbert porte *d'azur à une bande d'argent, chargée en chef d'une moucheture d'hermine, accostée de deux molettes* (à cinq pointes) *d'argent.*

Le Chastel, à Chéreng, fief tenu de la Seigneurie de Chéreng à 10 livres de relief, comprenant 2 bonniers 12 cents de terre tenant à la piedsente de Lille à Tournai, et des rentes sur 5 bonniers 12 cents.

Robert de la Hamaide, prêtre, prévôt de l'église métropoli-

taine de Cambrai. — Gilles Marissal par achat du précédent,
XVII° siècle.

Les Forcaux, à Chéreng, fief tenu de la seigneurie de Chéreng, à 10 livres de relief, comprenant 3 bonniers de terre à labour
tenant à la terre du seigneur de Guisegnies, un terrage de 7 cents
de terre et quelques rentes.

Robert de La Hamaide, prêtre, prévôt de l'église métropolitaine de Cambrai. — Gilles Marissal par achat du précédent,
XVII° siècle..

Fremeville, à Chéreng, fief tenu de la seigneurie de Chéreng
à 10 livres de relief, comprenant 7 bonniers de terre à labour
tenant à la piedsente des Puctes à Warcsquiel, au chemin de
l'église vers les Longues-Rues, au chemin de Lille à Tournai, au
chemin de l'Épinette et au chemin de la Fosse à Cats, vers l'église
de Gruson ; quelques rentes.

Charles de Cordes, seigneur de Guisegnies. —Louis de Cordes,
écuyer, seigneur de Guisegnies, fils de Charles, XVII° siècle.

Le Sart, à Chéreng, fief vicomtier tenu de la seigneurie de
Chéreng à 100 sous de relief, consistant en rentes sur 28 cents de
labour et un terrage sur 12 cents.

Alexis Escaillet présentait le dénombrement de ce fief en 1504.
— Jean De Lattre, jaugeur de vin à Lille, par achat en 1567. —
En 1689, le fief du Sart appartenait aux enfants d'Eustache Le Gay
du Chastel, procureur du Roi à la Gouvernance de Lille, et fut
attribué en partage à Ursule, fille dudit Eustache qui épousa Jean
Godefroy, seigneur d'Aumont, directeur de la chambre des
comptes à Lille. — Leur petit-fils, Denis-Joseph Godefroy de
Maillart, dernier directeur de la dite chambre, le possédait à l'époque de la Révolution.

Veuzin, à Chéreng, fief vicomtier tenu de la seigneurie de
Chéreng, à 40 livres de relief, comprenant 4 bonniers tenant au
chemin qui mène de l'église au marais commun, au chemin de la

cense du Chastel vers les Longues-Rues, au chemin de l'Épinette de Hertimbus vers Bourghelles ; des rentes sur 4 bonniers.

Jacques de Frayère, seigneur de La Mairie, demeurant à Tournai, par achat de l'an 1561. — Gilles Marissal, fils de feu Gilles.

Tressin, à Chéreng, fief tenu du comté d'Alost, comprenant un manoir avec 3 bonniers d'héritage et 11 bonniers de terre ahanable, 16 hôtes et 30 tenants, 5 hommages de petite valeur.

Jean de Werchin, sénéchal de Hainaut, sire de Walincourt et de Cysoing, her de Flandre, fit le rapport de ce fief le 12 mai 1383 (7° Cart de Flandre, f° 60).

COBRIEUX.

Dans la première moitié du XIII° siècle, la seigneurie de Cobrieux relevait du châtelain de Lille. En 1226, Amaury, seigneur de Cobrieux, *Corbery*, qui avait été reçu chevalier du Temple, donna à l'ordre dont il faisait partie tous les biens qu'il possédait au territoire de Cobrieux, *Corbriu*, tant en fiefs, qu'en terres, prés, bois, viviers, dîmes, justice et seigneurie. Pierre dit Villain, frère d'Amaury donna son approbation à cette dotation. De son côté, le châtelain de Lille céda le domaine direct aux Templiers qui établirent une maison à Cobrieux. On cite parmi les anciens commandeurs de Cobrieux : Frère Alexandre, *perceptor de corberi*, 1251 ; — Frère Alard Audefer ou Andefer, 1257 ; — Frère Jean d'Esterpi, *commander de Corberi*, 1279.

En 1312, Philippe-le-Bel prescrivit à son bailli d'Amiens de faire mettre les chevaliers de Saint-Jean de Jérusalem en possession des biens de l'ordre du Temple qui se trouvaient en Picardie, ainsi qu'en Artois et en Flandre. D'après la répartition qui en fut faite alors, la maison de Cobrieux échut à la commanderie de Hautavesnes.

Les hospitaliers de Saint-Jean de Jérusalem devinrent ainsi les seigneurs hauts-justiciers de Cobrieux. Leur domaine se composait d'un château ou donjon seigneurial qui se trouvait au couchant du chemin de Cobrieux à Bachy ; d'une ferme ou basse-cour en dépendant, située de l'autre côté du chemin, et de 94 bonniers de terre à labour, bois et prés situés sur Cobrieux, Bourghelles, Genech et Bachy. La seigneurie de Cobrieux comptait plus de 160 hommes cottiers ou tenanciers qui lui devaient cens et rentes sur des maisons et des terres à Cobrieux, Templeuve, Bachy, Anstaing, Gruson, Avelin, Orchies, etc. Elle avait en outre, sur Sainghin en Weppes, le tiers de la dîme. Plusieurs fiefs relevaient de Cobrieux, entre autres : Le Sec-Pré, le Bure, la Houblonnière à Cobrieux ; Englebert à Genech ; l'Hôtel et les Prés à Bachy. (Mannier, *Les Commanderies*).

Le Bure, à Cobrieux, tenu de Cobrieux à une blanche lance de relief ; consistant en un manoir sur la place du village près du cimetière.

La Houblonnière, à Cobrieux, tenue de Cobrieux et située sur le sentier conduisant de l'Église au bois de la Commanderie.

Le Sec-Pré, à Cobrieux, tenu de Cobrieux au relief d'une paire de blancs gants.

CYSOING.

I. **Baronnie de Cysoing.** — Cysoing était d'abord un fisc royal, qui fut donné en dot à Gisèle, fille de Louis-le-Débonnaire et épouse de saint Evrard, duc de Frioul, fondateur de l'abbaye de Cysoing. Dans les mains de leurs successeurs, ce domaine devint plus tard une franche baronnie tenue de la Salle de Lille à 10 livres de relief, et à cause de laquelle le possesseur était le premier des quatre bers de Flandre et l'un des quatre hauts justiciers de la châtellenie de Lille. C'est vers le milieu du XIII° siècle que les seigneurs de Cysoing apparaissent qualifiés bers de Flan-

dre. — Ils avaient dans leur baronnie toute justice haute, moyenne
et basse ; bailli, lieutenant, hommes de fief, hommes rentiers, juges,
sergents et messiers, prisons, etc. — Cette baronnie se composait
de quatre membres et parties, savoir : La ville, échevinage, prévôté
et chastel de Cysoing ; le village de Baisieux, le hameau du Quesnoy à Toufflers, des droits divers en plusieurs autres lieux. (Dénombrement de Cysoing). — La baronnie de Cysoing portait :
bandé de six pièces d'or et d'azur.

II. **La Ville de Cysoing,** autrefois fermée de murs, portes et
fossés, croisée de rues et chaussées et ville à loi. — Le 6 décembre
1219, Jean IV, sire de Cysoing, lui avait donné la loi de la Bassée,
en même temps qu'il délaissait aux habitants les éteules de ses
terres et la jouissance des pâtures et des eaux communes. En laquelle ville il y avait marché, croix, halle aux plaids ; prévôt,
lieutenant, rewart, huit échevins, sept jurés, un sergent d'échevins ; renouvelés chaque année par les commis du seigneur, sauf
le prévôt que le seigneur nommait et révoquait à son plaisir.
Lesquels rewart, échevins et jurés nommaient les officiers infé-
rieurs tels que les égards du pain, des boissons, de la viande, des
poids et mesures, etc. (ibid). — Le rewart percevait le dixième
denier à la vente des maisons et héritages et en rendait compte
au profit de la ville. Le seigneur percevait le relief qui était de
4 deniers (article 3 de la coutume locale).

III. **Echevinage, prévôté et juridiction de Cysoing.**
Les échevins jugeaient à la semonce du prévôt, tous cas criminels
et civils. L'exécution de leur sentences de mort appartenait au
bailli ou à son lieutenant. — Une navrure à sang encourait
l'amende de 60 livres ; une batterie à couteau tiré, sans effusion
de sang, 10 livres ; avec d'autres armes, 60 sous ; une injure
5 sous avec escondit pour réparation. Les échevins bannissaient,
pour cas criminels, à toujours ou à terme. — Au prévôt étaient
adjugés chaque année les bans de mars, d'août et de la Saint-
Martin. — L'échevinage et prévôté de Cysoing s'étendait sur les

biens de l'église, abbaye et couvent de Saint-Calixte; les amendes de ce chef appartenaient pour un tiers au seigneur et pour les deux autres tiers à l'abbaye. — Si un manant ou un étranger voyait en cet échevinage son débiteur non bourgeois par les rues, à sa requête, le prévôt ou son lieutenant pouvait appréhender ledit débiteur, le mettre en prison tant qu'il eût satisfait son créancier ou qu'il se fût mis à loi. — Dans cet échevinage et prévôté, le seigneur de Cysoing avait droit de Senne à l'exclusion de la Cour spirituelle de Tournai; mais il ne prenait point de ce chef d'amende pécuniaire; il avait droit d'afforage du vin et de la bière, droit de pennage sur les pourceaux; son bailli n'y tenait nulle vérité générale. (Dénombrement). — La ville et prévôté de Cysoing avait sa coutume particulière. .

IV. **Bourgeoisie de Cysoing, ses priviléges.** — En ladite ville il y avait bourgeoisie et nul ne pouvait être bourgeois s'il ne possédait quelque héritage dans l'échevinage. Tout habitant qui voulait acquérir la bourgeoisie devait la requérir du rewart, celui-ci la demandait pour lui aux prévôt, échevins et jurés, et, à sa réception, le bourgeois prêtait serment en la main du prévôt, en présence du rewart, des échevins et des jurés; son inscription avait lieu alors dans le registre de la ville. Les bourgeois acquittaient chaque année leur bourgage en la main du rewart. — Le bourgeois de Cysoing avait telle franchise que tout forain qui le menaçait encourait une amende de dix livres, moitié au seigneur et moitié à la partie menacée. — Les bourgeois de Cysoing avaient encore telle franchise qu'on ne les pouvait arrêter en la loi de ladite ville avant de les avoir fait appeler et assigner par le rewart en leurs personne et domicile, par trois jours et jour entre deux. (Ibid).

V. **Le chastel de Cysoing**, chef-lieu de la baronnie, comprenant parmi manoir, motte, basse-cour entourée de fossés, jardins, pêcheries, 2 bonniers, et 2 bonniers 818 verges en deux bosquets appelés le grand et le petit jardinet. Appartenaient audit

chastel 57 bonniers de terres labourables, 172 bonniers 5 cents de
bois, 30 bonniers de pâturages, 12 bonniers de prés, trois viviers
contenant ensemble 25 bonniers 11 cents, un moulin à moudre blé,
400 bonniers de marais, 40 bonniers de secs pâturages, desquels
bonniers et pâtures le seigneur souffrait que les bourgeois, sujets
et manants de Cysoing prissent leurs aisements, et pour ce le rewart
payait chaque année des deniers de la ville 2 sous de Flandre.
— Appartenaient encore audit chastel des rentes seigneuriales sur
123 bonniers dues par 96 hôtes et 46 tenants (Ibid).

VI. Autres membres de la baronnie de Cysoing. —
Pour le village de Baisieux, voir ce nom, et pour le hameau du
Quesnoy, voir à Toufflers. — Le seigneur de Cysoing avait à Gondecourt le barel à mesurer weddes valant 48 sous. Il avait droit
de Senne, toute justice et seigneurie sur une dîme à Fournes en
Weppes appartenant aux religieuses de l'abbaye de Beaupré, lesquelles devaient une livre de fil d'espinache et quatre paires de
chaussons de drap blanc. Le seigneur avait encore droit de Senne
et toute justice sur plusieurs alleux à Saint-André, La Madeleine,
Lompret, Esquermes, Marquette, et sur une grande quantité d'héritages dans le clos de l'abbaye de Marquette où il pouvait tenir
vérités générales tous les trois ans. (Ibid).

VII. Hommages de la baronnie de Cysoing. — Plus
de 150 fiefs parmi lesquels sept terres à clocher relevaient de la
baronnie de Cysoing; c'étaient : Bourghelles, Genech, Hallennes-
Lez-Haubourdin, Erquinghein-Le-Sec, Lompret, Lannoy et Lys,
terres à clocher; — Beaufremez ou Isenghien, Corbinau, Havrincourt, Les Plantis, la Platerie et les Terrages à Cysoing; — Laoutre
et Outrebecque à Lys; — Le Bosquel d'Outrebecque, Saint-Aubin,
Le Mollin, La Poullerie, Quesnaucamp, le Quint et Les Watinettes
à Leers; — Lambersart, l'Anglée et La Carnoie à Lambersart; —
La Quièze ou Vertaing à Templeuve en Pévèle. — Le fief de Fretin
dont la situation n'est pas indiquée; — Le Mont, Armentières,
La Place, Descamain, Lassus, Le Ponthay, Thieffries, Le Chevalier;

Le Bus et Drumez à Baisieux; — Wasnes à Toufflers ; — Outre-Wasnes et le Ponchel à Sailly ; — Lestoquoy et la Bouteillerie à Fournes; Rosembois, Les Prés, Duremont, Relinghehem. La Parchonnerie et la rue du Bois; ces six fiefs réunis en un sous le nom de Rosembois à Fournes; — Le Lymer et Villers à Lompret, —Haynaut, Le Rucreul, Luchin, La Grande Bouchardrie, Baudon et Beaulieu, à Camphin; — Le Fresnoy à Willems; — Thibaut à Fretin; — Les Wazières à Wambrechies; — Layens et les Tonlieux à Hem; — Merlen à Wannehain et beaucoup d'autres fiefs innommés à Cysoing, à Camphin, Leers, Lys. Baisieux, Sailly, Hellemmes, Hem, Annappes, Toufflers , Fournes , Saint-André, Bourghelles et Wannehain. (Ibid).

VIII. Avouerie de l'abbaye de Cysoing. — Les seigneurs qui fondaient des monastères s'en constituaient souvent eux-mêmes les protecteurs ou désignaient l'avoué aux soins duquel serait confié la garde de leurs intitutions pieuses. Saint Evrard , fondateur de l'abbaye de Cysoing , imposa cette charge à son troisième fils Adelard en comprenant dans le lot de celui-ci la terre de Cysoing à condition qu'il gardera cette église telle qu'elle a été établie et qu'il ne permettra pas que rien de ce qui lui a été donné lui soit enlevé (Miræus, I, 20) — Ses successeurs furent ainsi les avoués de l'abbaye pour ses possessions dans la contrée (Buzelin , Gall. Fland., 351). — Les rapports des avoués avec l'abbaye, habituellement bienveillants , furent cependant quelquefois fort orageux. — Le seigneur de Cysoing réclamait de l'abbaye deux chariots attelés pour transporter son harnais de guerre quand le comte le mandait en expédition ou chevauchée, Arnoul Ier y renonça en 1252 ainsi qu'à la pêche dans les eaux de l'abbaye, aux pâturages et usages. Il dispensa en même temps l'abbaye de venir à ses plaids, de prendre son aveu et de lui rien payer quand elle disposerait de ses propriétés. L'abbaye acheta ces concessions moyennant une somme de 200 livres et un obit annuel pour Arnoul, son père et sa femme. — Une autre prétention du seigneur de Cysoing était de s'approprier le palefroi que montait l'abbé nouvellement élu, au retour de sa bénédiction ; l'abbaye la racheta moyennant 120 livres en 1262. — L'abbé nommait ses sergents, mais ceux-ci devaient prêter serment devant le seigneur et les échevins. — L'abbaye ne conservait dans ses domaines que la justice foncière, la justice vicomtière et la haute justice restaient au seigneur qui retenait le tiers des amendes, remettant les deux autres tiers à l'abbaye. Mais les droits tels que l'avoir de bâtard, l'épave, l'estrayer, le meilleur catel étaient exercés par moitié (Godefroy de Ménilglaise dans le *Bulletin de la Commission historique du Nord*, T. 5).

IX. **Premiers seigneurs de Cysoing.** — Dans son testament dont il faut charger d'une trentaine d'années la date 837 qui lui est assignée par Mirœus, saint Evrard attribua le domaine de Cysoing à son fils Adelard. — Pendant les deux siècles suivants les documents ne révèlent aucun nom de seigneurs de Cysoing; ils ne disent pas davantage que le noble personnage nommé Amauri, qui, en 968, de concert avec ses deux frères, donna à l'abbaye de Saint-Calixte la villa de *Arboreto*, possédât la terre de Cysoing.— En 1096, Engelbert de Cysoing avait pris la croix pour la délivrance des Saints-Lieux ; sur le point de partir, il vendit à Robert, marquis des Flamands, sa part du bodium de Lesquin qu'il tenait de lui en fief et que ce prince donna à l'église de Saint-Pierre de Lille (Fonds de Saint-Pierre de Lille, *original*). Dans cet acte, Ingelbert est qualifié châtelain; qualification sans doute commune à ceux qui possédaient des châteaux-forts et que les seigneurs de Cysoing échangèrent plus tard contre le titre de ber ou haut baron de Flandre, et contre celui de haut justicier de la Châtellenie de Lille.

X. **Maison de Landas.** — Après cet Ingelbert, il ne resta, paraît-il, qu'une héritière de Cysoing ; elle épousa vers l'an 1111, s'il faut en croire une généalogie donné par Mirœus et Fopens (I, 411), Étienne de Landas, fils d'Amauri V, et en eut Engelbert, seigneur de Cysoing, qui fit avec l'abbaye un règlement pour les bois. Il eut pour successeur, vers 1137, Amauri de Landas (Commission historique, T. 5). — Puis vint Roger de Landas ou de Cysoing qui, en 1159, reconnut par devant l'archevêque de Reims les droits et priviléges de l'abbaye de Cysoing (Mirœus, I, 702); on le trouve dans les actes de 1162 à 1166 (Cart. de Marchiennes). — On trouve ensuite Jean Ier qui d'Ermengarde, dame de Peteghem, eut 1° Pierre, 2° Jean II qui suit et 3° Jeanne de Cysoing qui épousa Henri l'un des fils de Bauduin IV, comte de Hainaut, et devint ainsi la tante de Bauduin, empereur de Constantinople (P. Anselme, II, 776). — Jean II, marié à Pétronille d'Avesnes, sœur d'Évrard, évêque de Tournai. Celle-ci, devenue veuve, eut de vifs démêlés avec l'abbaye et encourut l'excommunication, une transaction y mit fin en 1179. — Jean III, fils de Jean II et de Pétronille d'Avesnes, épousa Mabile de Guisnes. Il figure dans les actes de 1179 à 1219. C'est lui qui donna à sa ville de Cysoing la loi de La Bassée, concession approuvée par Jean IV, son fils (Tailliar, *Recueil d'actes en langue romane* p. 66). — On trouve comme contemporain de Jean III, Mathieu de Cysoing à la 3° croisade en 1191 (P. Roger, *La Noblesse de France aux Croisades*). — Jean IV, sire de Cysoing et de Peteghem, paraît dans les actes de 1221, à 1244. Son sceau, appendu à une charte de 1221, figure un bandé de six pièces (d'or et d'azur): ✝ *Sigillum Johannis de Cisonneo*; contre-sceau: ✝ *Secretum meum michi* (Douët d'Arcq, I, n° 1986.) — Ce seigneur se porta en 1228 à de graves violences envers les religieux de Cysoing, maltraitant leurs tenanciers et leur interdisant le passage des ponts et la libre circulation; un des chanoines fut même frappé presque à mort. Excommunié par l'évêque de Tournai et traduit devant le tribunal du comte, il se soumit enfin l'année suivante. Il avait épousé Marie, fille du seigneur de Bourghelles qui lui donna quatre fils et une fille fiancée dès l'année 1226, au fils aîné de Raoul de Rodes (Chambre des comptes, *orig.*) — Arnoul de Cysoing, fils aîné de Jean IV, avait commandé un corps de croisés Flamands dans l'expédition contre les Albigeois (P. Roger). En 1241, il avait affranchi quelques-uns de ses serfs et les avait placés sous la protection de St-Eleuthère et de l'église de Tournai (Mémoires de la Société de Tournai, T, 1, p. 263). Il intervient dans les actes dès 1244, comme sire de Cysoing. En janvier suivant, il jure d'observer le traité conclu entre Saint Louis et Marguerite, comtesse de Flandre ; ses lettres sont munies de son sceau : + *S. Arnulphi domini de Cisonio......* contre-sceau : écu bandé de six pièces ; + *Clavis secreti* (Douët d'Arcq, 1, n° 1984). On le retrouve en 1252 accordant la liberté à ses autres serfs et les mettant sous la protection de l'abbaye de Saint-Amand ; dans ces actes, il se qualifie chevalier (Hautcœur, *Cart. de Flines*, p. 89-91). Au mois de mars 1254, Arnoul, sire de Cysoing, chevalier, reconnaît avoir vendu, du consentement de Sybile, sa femme, et de Jacques de Cysoing, chevalier, son frère, à l'abbaye d'Anchin, pour 350 livres parisis, tout ce qui lui appartient dans les paroisses de Templeuve-en-Pévèle et de Saint-Nicolas (Cappelle), tenues en alleu de la terre de Landas, excepté les quatre hautes justices qui appartiennent au Souverain (Chambre des comptes, *orig*). — Vient ensuite Hellin 1er, qui intervient dans les actes de 1263 à 1281. Hellin apparaît le premier qualifié baron de Flandre et lorsque au mois de février 1275, il jure d'observer le traité conclu entre Gui, comte de Flandre et le roi de France Philippe-le-Hardi, son sceau porte cette qualité : + *S' Hellini domini de Cisonio militis et baronis Flandriæ.* Contre sceau : écu bandé de six pièces : + *Secretun Hellini dni de Cisonio* (Douët d'Aarq, 1, 1985). Il eut un grand procès avec le chapitre de Saint-Pierre de Lille, pour violation du droit d'asile de cette église. Hellin 1er avait épousé Alix de Diestre. — Arnould II fils d'Hellin et son complice dans les violences exercées en l'église de Saint-Pierre de Lille, entre, de 1282 à 1286, en arrangement avec les chanoines au sujet des pénalités infligées à son père. Il vivait encore en 1287 (Saint-Genois, 748). — Après lui paraît Hellin II de 1290 à 1304. — On voit par deux actes de 1316 que Jean, abbé de Cysoing et Guillaume de Cysoing, Clerc, avaient

fondé une chapelle en l'église de Cysoing pour le repos de Marie
de Harnes, dame de Cysoing et de Clairerive, et avec les biens de
ladite dame dont ils étaient exécuteurs testamentaires (bulletins
de la Société historique de Tournai, t. 16, p. 114). Cette Marie de
Harnes était probablement la femme de Hellin II ; — puis enfin
Béatrix.

XI. **Maison de Walincourt.** — Béatrix, héritière de Cysoing
épousa Jean Sire de Walincourt, qui portait *d'or au lion de gueules,
l'écu billetté d'azur* (Notice sur Walincourt dans les mémoires de
la Société d'Émulation de Cambrai, T. XXXI). Ce Jean , 2° du
nom dans la série des seigneurs de Walincourt, se qualifie sire de
Cysoing et ber de Flandre, dans une loi donnée aux habitants de
Walincourt en 1316 (Ibid.) Béatrix figure encore en 1332 comme
dame de Cysoing. (Commiss. hist. T. 5) — Leur fils Jean était seigneur de Cysoing en 1343. Après lui vient Jeanne de Walincourt.

XII. **Maison de Werchin.** — La seigneurie de Cysoing
passe dans la maison de Werchin par le mariage de Jeanne de
Walincourt avec Jean de Werchin, sénéchal de Hainaut, qui portait *d'azur au lion d'argent, armé et lampassé de gueules, l'écu semé
de billettes d'argent.* — Leur fils Jean II de Werchin ; sénéchal de
Hainaut, était seigneur de Cysoing et Ber de Flandre en 1369, par
la mort de sa mère. (Cartul. de Saint-Pierre de Lille, N° 737.) On
le rencontre dans les titres de 1360 à 1373, en l'un desquels sous
la date de novembre 1372, il intervient avec son fils Jacques, qua
lifié sire de Walincourt. (Saint-Genois, 374. — Jacques de Werchin, sire de Cysoing, de Werchin, de Walincourt, sénéchal de
Hainaut et ber de Flandre, fit rapport de la baronnie de Cysoing
le 6 avril 1372. (Répertoire des fiefs). Il épousa Jeanne d'Enghien
et mourut avant 1385, laissant en bas âge Jean de Werchin, sénéchal de Hainaut et ses sœurs. Sa veuve se remaria à Jacques de
Harcourt, sire de Montgommery , qui prit avec elle la tutelle des
mineurs (Saint-Genois, 365.) — Jean III, sénéchal de Hainaut,
sire de Cysoing et ber de Flandre, fit rapport de Cysoing le 20 mars

1392, Il doit avoir épousé Marguerite de Luxembourg, fille de Guy et de Mahaut de Châtillon, dont il fut le second mari. — En 1442, on trouve comme dame de Cysoing Jeanne de Werchin, sénéchale de Hainaut, probablement l'une des sœurs de Jean.

XIII. **Maison de Barbançon.** — L'autre sœur, Philippotte de Werchin, avait épousé Jean de Barbançon, chevalier, seigneur de Jeumont, à qui, devenue l'unique héritière de Jean, elle transmit tous les biens de sa maison. Barbançon portait *d'argent à trois lions de gueules.* (Notice sur Walincourt) — Jean de Barbançon, chevalier, sénéchal de Hainaut, ber de Flandre, sire de Werchin, de Cysoing, de Walincourt, de Jeumont, etc., fils de Jean et Philippotte de Werchin, épousa Jeanne le Flameng, dame de Cany, Faigneules, etc. (P. Anselme, VI, 639), d'où vinrent deux fils et trois filles. — Jean, l'aîné fut sénéchal de Hainaut, ber de Flandre, sire de Cysoing, etc., il mourut en 1472. (Commiss. hist. T. 5.) — Jacques, le second, fut seigneur de Jeumont et prit le nom et les armes de Werchin. Il hérita des biens de son frère. Il avait épousé Jacqueline, fille de Colard, sire de Moy, d'où vint Nicolas de Werchin qui suit. — Nicolas de Werchin-Barbançon, baron de Werchin et de Cysoing, sénéchal de Hainaut, premier ber de Flandre, seigneur de Walincourt, Jeumont, Faigneules, le Biez, Templemars, La Royère, etc., Conseiller et chambellan du roi de Castille épousa Yolente de Luxembourg, héritière de Roubaix, de Herzelles, de Wasquehal, etc. Il mourut au Biez, le 10 juillet 1513, et sa femme à Jeumont le 6 mai 1534; mais tous deux furent enterrés à Roubaix, dans le chœur de la chapelle de l'hôpital Sainte-Elisabeth, à droite sous une sépulture relevée. Ils avaient eu de leur union, quatre fils dont deux Antoine et Pierre furent successivement barons de Cysoing, seigneurs de Roubaix, et deux filles

XIV. **Maisons de Melun, de Ligne et de Rohan-Soubise.** On verra a l'article Roubaix comment la baronnie de Cysoing passa de la Maison de Werchin-Barbançon en celle de Melun, de celle-ci e celle de Ligne et comment elle fit retour à la Maison de Melun pour échoir en dernier lieu au prince de Rohan-Soubise.

Beaufremez dit **Isenghien** à Cysoing, fief vicomtier tenu de la baronnie de Cysoing à 10 livres de relief, comprenant 10 cents de terre, des rentes sur 29 bonniers, bailli, lieutenant, hommes de fief et juges, 5 hommages.

Wallerand de Landas, écuyer, seigneur de Beaufremez, mort en 1528, — A Wallerand du Bois, écuyer, en 1595 exempté, comme noble, du droit de francs-fiefs aux quartiers de Lille, Douai et Orchies. — Denis Demadre, prévôt de Cysoing, ou au prince de Ligne, 1731.

Corbinau, à Cysoing, tenu de la baronnie de Cysoing; contenant 2 bonniers d'héritage allant en cense pour 20 rasières de blé.

A Jean de Vendeville, fils de feu Rogier, de Lille, 1585. — Mahieu de Fourmestraux, de Lille, 1603.

Havrincourt, à Cysoing; tenu de la baronnie de Cysoing à 10 livres de relief, comprenant 2 bonniers 1/2 tenant au chemin du Pont à Bouvines à Tournai et au chemin de Bouvines à Gruson; 20 tenants et 4 hôtes; 5 bonniers de terres à terrage de dix gerbes l'une. — Ledit fief chargé envers les pauvres de Cysoing d'une rasière de blé par an.

A demoiselle Michelle Parent, veuve de Georges de Fourmestraux par achat, en 1575, de Paul de Fourmestraux. — Pierre de Fourmestraux, seigneur de Havrincourt, anobli par Louis XIV. (Chambre des comptes, Invent. somm. B, 1677).

La Platerie, à Cysoing, tenue, de la baronnie de Cysoing à 10 livres de relief, comprenant 7 bonniers tenant aux grands bois et aux bois de la seigneurie de Bersée; 3 tenants et un hôte.

Charles de Lannoy, écuyer, seigneur de Hautpont, de Bersée, etc. 1595.

Les Terrages, à Cysoing, fief tenu de la baronnie de Cysoing à 10 livres de relief, comprenant 2 bonniers 14 cents, tenant au chemin de Bouvines à Tournai ; 4 bonniers de terrage, et des rentes sur plusieurs tenants.

A Jean Gombault, seigneur d'Archimont, 1595.

Les Plantis, à Cysoing, fief tenu de la baronnie de Cysoing, à une paire de blancs gants de relief; comprenant 4 bonniers 10 cents de bois, tenant de tous sens aux bois et près des Parchennères.

A Pierre de Lannoy, marchand à Lille, pour achat, en 1551 ; — Jacques de Lannoy, son fils, 1595. — Philippe IV, roi d'Espagne, anoblit Jean de Lannoy, seigneur des Plantis, «qui ne pouvait prouver la noblesse de sa famille parce que les titres qui l'établissaient avaient été détruits dans deux incendies, l'un arrivé en 1513, qui consuma la maison d'Henri de Lannoy, son bisaïeul, l'autre en 1545, lors du grand feu de Lille.» (Chamb. des comptes, Invent.-somm. B. 1677).

ENNEVELIN.

Nature, contenance et mouvance inconnues.

Armes : *d'argent à 3 écus de gueules 2 et 1, chargés d'une étoile d'argent.*

Seigneurs d'Ennevelin : Lambert de Heilly, seigneur de Rongeval et d'Ennevelin, 1150. Jean de La Flie, écuyer, seigneur de La Vallée et d'Ennequin, fils de Michel, anobli en février 1503 ; — Maximilien de La Flie, écuyer, seigneur d'Ennequin, fils dudit Jean et de Jeanne Le Prévost, allié à Jeanne de La Cauchie, fille du seigneur de Montsorel ; — leur fils, mort sans génération ; — Mathias de La Flie, héritier de son frère aîné, époux de Catherine Du Bois, 1585 ; Chrétienne de La Flie, sœur de Mathias, héritière d'Ennevelin, alliée à Guillaume d'Avesnes, écuyer ; — Leur fille

Marie-Catherine d'Avesnes, héritière d'Ennevelin, épouse de François Imbert, seigneur de La Phalecque ; leur fils N. Imbert, écuyer, seigneur de La Phalecque, époux de N. Beuvier ; — Nicolas-Guillaume Imbert, écuyer, seigneur de Sénéschal, La Phalecque, Planty, rewart et maïeur de Lille, XVIII° siècle ; Joseph-Alexandre Imbert, écuyer, prévôt géneral de la maréchaussée de Flandres et d'Artois, seigneur d'Ennevelin, figure parmi la noblesse du baillage de Lille, assemblée pour l'élection des députés aux États-généraux de 1789.

Aigremont, à Ennevelin, fief et noble tènement relevant de la Salle de Lille à 10 livres de relief, et à justice haute, moyenne et basse ; comprenant : 1° un lieu seigneurial, une cense avec 27 bonniers 850 verges ; 2° une chapelle à laquelle les seigneurs d'Aigremont avaient affecté 10 bonniers d'héritage et 29 rasières d'avoine ; 3°, une halle pour tenir les plaids ; 4°, des rentes sur 40 bonniers 14 cents d'héritages et 50 hommages parmi lesquels : Le bois des Fourchons, le bois de Flocq-Wattier, Bourgeois, Fauquepel, le Marlix, à Ennevelin ; Ardompret, Bois-le-Ville, Bourlinet, les Capons, Drumez, la Gruerie, les marais Rentis de Landas, les Préaux, le pré Huart, Le Ville, à Templeuve ; le Mez, les Oursins, Rabodenghes et le Val à Avelin, et Aigremont à Fretin. — Aigremont a été érigé en marquisat et 1773.

Seigneurs et personnages du nom d'Aigremont : (Voir dans Poutrain les avoués de Tournai de 1166 à 1323) ; — Anselme d'Aigremont, pair de Lille, 1183 ; — Gilles d'Aigremont, 1221. (Cart. des Châtelains de Lille). — Anselme d'Aigremont, 1227 ; chevalier, 1228. (Saint-Genois, *Invent. de Rupelmonde*). — Gilles d'Aigremont, 1230. (Hautcœur, Cart de Flines, V.) ; 1238 (Ibid., XXIII). — Gérard, sire d'Aigremont, 1242. — Gérard d'Aigremont, 1260 (Ibid., CXXVI). — Regnier Le Borgue d'Aigremont, 1274-1276 (Van Lokeren, *Chartes de Saint-Pierre de Gand*, numéros 844 à 847 et 873). — Anselme d'Aigremont, 1277-1281 (Hautcœur CXCVII et CCXXVII) avoué de Tournai,

1302. — Gilles d'Aigremont, chevalier, 1310 (Ibid CCLXXIII);
fils d'Anselme (Ibid. CCCLXXVIII); échevin des Timaux,
1334 (ibid. CCCLXI). — Gilles d'Aigremont, bailli d'Anchin,
1373 (Ibid. DCXLI). — Jacques Grantraing, de Tournai, 1447;
— Jean Grantraing, 1469; Jacques de Thieulaine; — Nicolas de
Thieulaine, son fils, 1534, — Wallerand de Thieulaine, 1544; —
sa fille, Barbe de Thieulaine, héritière d'Aigremont, femme de
Gilles Vander Eechoute, 1561; — Floris Vander Eechoute, leur
fils, chevalier écoutète de la ville de Bruges, 1611; Henri Vander
Eechoute, seigneur de Pumbecq, par donation dudit Floris,
1648: — Pierre-Louis Jacobs, écuyer, seigneur d'Hailly, Lomprez,
etc., secrétaire du roi, par achat; — Henri-Ambroise-Ernest
Jacobs, son fils, mort le 25 août 1764; Henri-Louis-Marie Jacobs,
fils du précédent, marquis d'Aigremont.

Les Fourchons, à Ennevelin, tenu de la seigneurie d'Aigremont à une paire de blancs gants de relief et une blanche lance
sans fer de service d'ost; consistant en 22 cents de bois et prés
sur le chemin du Platel à La Goulée.

A Jean Morel, de Lille, 1603. — Marguerite Morel. — Jacques
Cocquet, tanneur à Lille, 1620.

Le Bois du Flocq-Wattier, à Ennevelin, tenu de la seigneurie d'Aigremont à une paire d'éperons blancs de relief; sur le
chemin qui conduit à Fauquepel et le long de la Marque.

A Charles de Saint-Venant, chevalier, seigneur de La Cessoye,
1620.

Bourgeois, à Ennevelin, fief vicomtier tenu de la seigneurie
d'Aigremont à 100 sous de relief et une blanche lance de service
d'ost; consistant en 7 cents de pré et en rente sur 7 quartiers,
2 cents de terre.

A Julien Chuffart; — Jean, son fils, 1620.

Fauquepel, à Ennevelin, fief vicomtier tenu de la seigneurie
d'Aigremont à 10 livres de relief; consistant en 7 cens de terre.

en rentes sur 38 bonniers, 1,269 verges, en un terrage sur 5 cents de terre de la cure d'Antreulles et en trois hommages.

A Jean Du Bosquiel, écuyer, seigneur des Plancques, 1587 ; — Marie de Pontrewart, dame d'Antreulles, épouse de Quentin Allegambe ; — Martin Muette, par achat des précédents ; les héritiers de celui-ci, 1620.

Le **Marlix**, à Ennevelin, tenu de la seigneurie d'Aigremont à 30 sous de relief et un cheval de 30 sous de service d'ost ; contenant un bonnier d'héritage au chastel d'Aigremont et au hameau de Le Planque.

A Gilles Le Théry ; — Julien Chuffart ; — Jean, son fils, 1620.

Le **Bois**, à Ennevelin, tenu de la salle de Lille, à 10 livres de relief ; contenant 14 bonniers en trois pièces, savoir : 6 bonniers de prés appelés le Marais Sabinois, formant le fief suivant, 4 bonniers de bois appelés le Bois Wattier, et 6 bonniers de terre appelés la terre des Auwys ; — réduit à 10 bonniers par éclichement.

Jean Keres, chevalier, sire de Franssures et de Lengillers, 1376 et 1389 ; — Jean Dengremont, dit Galois ; — Joses Verdière 1458 ; — Pierre Le Bailly, 1561, mort en 1595 ; — Pierre Thévelin, — Alard Thévelin, son frère, 1623 ; — Jeanne Thévelin, fille d'Alard, épouse d'Antoine de Hailly, avocat, 1637.

Sabinois ou **Sébinois**, à Ennevelin, tenu de la salle de Lille à 10 livres de relief ; comprenant 6 bonniers de prés et bois sis à La Broye, sur le chemin qui conduit à La Poullée, démembrés du fief du Bois,

Jean Keres, chevalier, sire de Franssures et de Lengillers, 1376-1389 ; — Jeanne Bernard, veuve de Grégoire Le Mesre, par achat de la veuve du sieur de Libersart, 1532 ; — Arnould Le Mesre, fils de feu Grégoire, 1561 ; — Nicaise de La Porte, par achat d'Arnould Le Mesre, 1584 ; — Gilles de La Porte, bourgeois de Lille, fils de Nicaise, 1615 ; — Paul de La Porte, fils de Gilles, 1622.

Philippe IV, roi d'Espagne, accorda des lettres de chevalerie à Nicaise de La Porte, seigneur de Sébinois, procureur fiscal général de la Gouvernance de Lille. issu de la noble famille de La Porte, originaire de la châtellenie de Lille et qui comptait parmi ses membres un Jean de La Porte, lequel portait en 1415, le titre de chevalier. et un Paul Van Dale, seigneur de Lille, créé chevalier au siége de la Goulette (Chamb. des compt. Invent-somm. B, 1666).

Le **Marais plantis**, à Ennevelin, tenu de la salle de Lille.

A maître Robert Du Bus, écuyer, seigneur de Breuse, avocat fiscal, 1615.

Bierbaix, à Ennevelin, au hameau de la Broye, fief vicomtier tenu de la cour et halle de Phalempin à 10 livres de relief; contenant 23 bonniers d'héritage.

Jean de le Cambe, dit Ganthois, 1456 : — Jean de Le Cambe, fils de Jean, 1504 ; — Guillaume de Boulogne, prêtre, 1560 ; — Jacques de Pottes, mort en 1580, fils mineur de Jean de Pottes, seigneur d'Aulnoit. — Philippe de Saint-Venant, héritier dudit Jacques.

La Bosse, à Ennevelin, tenu de la seigneurie d'Anstaing ; comprenant un château avec 13 bonniers, 9 cents d'héritage et des rentes.

A messire Jean de Montmorency, comte d'Estaires, chevalier, seigneur de Bersée, baron de Wastines, seigneur de Hellin. etc., gouverneur de Lens et d'Hénin-Liétart, 1620.

Jobecque, à Ennevelin, tenu de la seigneurie d'Astaing à 10 livres de relief; comprenant 6 bonniers d'héritage sur la pied-sente d'Ennevelin à Antreulles.

A Antoine de la Broye, seigneur de Bois-Fermez, Marchenelles, etc., 1620.

Hellin, à Ennevelin, tenu de la seigneurie de Saiughin à 100 sous de relief, consistant en rentes.

A messire Jean Du Metz ; — Robert Du Pret, 1568 ; — Catherine Du Pret, nièce et héritière *féodataire* dudit Robert, 1621.

Le **Petit-Labroye**, à Ennevelin, fief vicomtier tenu de Mérignies et La Broye ; comprenant 3 bonniers 613 verges de terre et des rentes.

Wallerand Prévost, fils de Jacques, 1456 ; Louis Prévost ; — Jennot Prévost, son fils 1505 ; — Jeanne Prévost de Basserode, épouse de Jean de Hennin, écuyer, seigneur de Cuvilliers, 1561 ; — Jean Morel, de Lille, 1603 ; — Dame Marie-Thérèse Stappart, veuve du sieur Pierre Delespaul, 1707-1713 ; — Le sieur Vandergraet, seigneur du Petit-Labroye, fit défaut à l'Assemblée de la noblesse du Bailliage de Lille, qui prit part à l'élection des députés aux États-Généraux en 1789.

Croyel, à Ennevelin, tenu de Mérignies et la Broye au relief du revenu d'une année ; contenant un cent et demi de terre.

A Pierart Platharnois, 1505 ; — Cristophe Le Mesre, 1561.

La **Charrue** (Le Querue, Le Quierue, Le Quieverue), à Ennevelin, fief vicomtier tenu de la seigneurie de La Broye, incorporée à la terre de Mérignies à 10 livres de relief ; comprenant un manoir avec 2 bonniers de prés et bois sur le chemin de Maresquel au Marais et des rentes.

Jean de Sauch ; — Jean de Sauch, son fils, 1546 ; — Jeanne Fissiel, épouse d'Étienne Denis ; — Jacques Denis, bourgeois de Lille ; — Wallerand Du Courouble, docteur en médecine, par achat du précédent, 1563.

La **Louverie** et Le **Molinel**, à Ennevelin, dépendance de Douai.

Olehain, à Ennevelin, tenu de Gondecourt ; contenant 3 bonniers 324 verges et demie en plusieurs parties.

A Françoise de Lespière, 1603.

Espaing, à Ennevelin, tenu de la seigneurie du Fermont à Seclin ; contenant 6 bonniers 10 cents d'héritage valant en cense 100 livres parisis , 20 rasières de blé et 2 chapons en plume.

A maître Nicolas Lespillet, docteur en médecine, à Lille, par achat en l'an 1570.

Gorghehel, à Ennevelin, fief vicomtier tenu de la pairie de Madringhem, à Lomme ; comprenant un manoir avec 9 bonniers et un quartier de terre et des rentes.

Jean Verdière, chevalier, seigneur de Libourne. — Pierre Le Wattier, 1511. — Pierre Le Wattier.

Les **Candelets** ou **Chandelets**, à Ennevelin, fief tenu de Faches à 10 livres de relief, consistant en rentes sur des héritages sis au hameau de Hellin.

Jean Du Gardin ; — Liévin Du Gardin, mort en 1647 ; — Martin Waresquiel, mort en 1712 ; — au sieur de Mégalant, par donation de Claire Waresquiel, sœur de Martin, 1712.

Les **Forzaux**, alias **Bobette**, à Ennevelin, fief tenu de Faches à 10 livres de relief, consistant en 9 cents de terre avec flégard et lieu seigneurial planté d'arbres faisant partie de la petite place d'Ennevelin.

A Gilles de La Cessoye, bourgeois et marchand à Lille, 1610 ; — Adrien-Emmanet d'Avesnes, fils et héritier de Guillaume et de dame Isbergue de Houget. — Le sieur de Sailly a fait rapport de ce fief le 14 février 1686.

Lannoy, à Ennevelin.

A messire Henri-Louis-Marie Jacobs, chevalier, marquis d'Aigremont, seigneur de Lompret, Hailly, etc., 1775.

Le **Grand-Bosuel**, à Ennevelin, fief vicomtier tenu en 1775 du marquis d'Aigremont, à cause de sa seigneurie de Lannoy ; comprenant 1° un plantis ou flégard de 25 verges où sont placés les bancs plaidoyables et le pilori du fief, sur le chemin de l'église vers le Ponchel Vendin ; 2° des rentes ; 3° les droits de plantis , de chasse , d'afforage , la succession des bâtards , les biens épaves ; 4° le droit d'établir bailli , échevins et sergents.

Marie-Henriette-Françoise de Gruson , veuve de Jean-François Obert , seigneur de Beauregard. — Marie-Catherine-Henriette Obert , leur fille , épouse de Maximilien-Joseph-Xavier Le François, seigneur de Clercq à Saint-Omer ; — Omer-Gratien-Zéphirin Le François , fils des précédents , 1775.

Le **Mez** , à Ennevelin , au hameau de Hellin.

Robert Du Prêt , 1568 ; — Catherine Du Prêt , veuve d'Antoine de la Vichte , seigneur de Nieuvenhove , 1585-1587 ; — Georges de la Vichte , écuyer , seigneur du Busqueau , 1595 ; — Françoise-Isabelle de la Vichte , née vicomtesse d'Herbodeghem , en 1659 , fille d'Ignace de la Vichte , chevalier , et d'Antoinette de la Vichte , sa nièce , laquelle Françoise-Isabelle épousa , en 1670 , Barthélemy-François-Joseph de Hangouart , baron d'Avelin ; — Charles-Philippe de Hangouart , chevalier , comte d'Avelin , seigneur de Seclin , Marcq , Antreulles , Attiches , La Madeleine , La Mairie de Gondecourt , etc., mort en 1749.

Le **Maresquiel** , hameau d'Ennevelin. — Plusieurs hôtes du Maresquiel tenaient leurs héritages du châtelain de Lille et lui devaient 31 deniers et un chapon.

Le **Maresquiel** , à Ennevelin , fief tenu du châtelain de Lille à une paire d'éperons de relief , consistant en hallotries et rejets de tout le riez du Maresquiel assez près de Fretin.

Pierrard La Vente. — Pierre de Vendeville. — Jean Lachier. Nicaise Le Mesre dit le Censier.

GENECH.

Fief et seigneurie tenu de la baronnie de Cysoing en toute justice haute , moyenne et basse ; comprenant 94 bonniers , un terrage sur 42 bonniers et demi, un moulin à vent, étrains, pailles et crépures de toutes les dîmes de Genech; droit de Senne; maltôte sur le vin et la cervoise, tonlieu et pennage; des rentes sur plusieurs hôtes et tenants; 12 hommages, parmi lesquels La Bourgeoisie, le Pret Rouet et La Ratterie, à Genech.

Armoiries : *d'hermines à la croix de gueules, chargés de cinq roses d'or.*

En 1231, Jean, chevalier, seigneur de Genech, donnait à l'abbaye de Loos les droits de pâturages et de parcours sur la terre de Genech (Arch. de Loos, nº 100). — Daniel Alarts, seigneur de Genech en 1411 (Invent. somm. B, nº 1406). — Marie Alaert, dame de Caprycke et de Genech, épouse d'Oudart de Blondel, baron de Pamele, ber de Flandre. — Leur fille Isabeau de Blondel, dite de Joigny, dame de Genech, s'allia avec Pierre, seigneur de Sainte-Aldegonde et de Noircarmes, d'où vint Nicolas, seigneur de Sainte-Aldegonde, de Noircarmes, de Genech, marié à Honorine de Montmorency, fille de Jean, sire de Nevele. Il en eut Jean, seigneur de Sainte-Aldegonde, de Noircarmes, de Genech, qui épousa Marie de Rubempré, dame de Bourghelles. De cette alliance vint Philippe, seigneur de Sainte-Aldegonde, de Noircarmes, de Genech, chevalier-commandeur de l'ordre militaire d'Alcantara, général des armées, conseiller d'État, grand bailli de Hainaut, gouverneur de Valenciennes et de Tournai, mort en mars 1574, des suites de ses blessures. Il avait épousé Bonne de Lannoy, dame de Maingoval, dont il eut : Maximilien, comte de Sainte-Aldegonde, baron de Noircarmes, seigneur de Genech, Avelin, Auberchicourt, Bourghelles, etc., chevalier de la Toison-d'Or, gouverneur et capitaine-général de la province d'Artois, mort le 13 mars 1635, laissant de sa seconde femme Marie-Alexandrine de Noyelles, dame de Bours, deux fils, dont le cadet, Albert-André de Sainte-Aldegonde, fut comte de Genech, seigneur de Bourghelles, d'Avelin, etc. Il épousa en 1633 Anne d'Oignies, dame de Rosembois et de Fromelles. De ce mariage sortirent 5 enfants dont l'aîné, Maximilien-François de Sainte-

Aldegonde, comte de Genech, allié à Isabelle-Claire-Eugénie, comtesse de Sainte-Aldegonde, baronne de Noircarmes, sa cousine germaine. Leurs enfants moururent sans postérité et eurent pour héritier Balthazar de Sainte-Aldegonde, comte de Genech, seigneur de Rosembois. Celui-ci mourut le 8 septembre 1707, laissant de sa seconde femme, Marie-Françoise de Lannoy des Prets, Balthazar-Alexandre de Sainte-Aldegonde, comte de Genech, qui épousa en premières noces Marie-Jacqueline d'Ennetières, veuve du baron de Flers, et en secondes noces, en 1750, Marie-Françoise-Michelle Libert, dame de Quarte et du Molinel, veuve de N. Bidé de La Granville. Ses enfants furent : du 1er lit, Albert-Alexandre, dit le comte de Sainte-Aldegonde ; François-Balthazar, dit le chevalier de Sainte-Aldegonde ; et du 2° lit Marie-Catherine-Françoise-Josèphe de Sainte-Aldegonde. La maison portait : *écartelé au 1er et au 4° d'hermines à la croix de gueules chargé de cinq roses d'or ; au 2 et 3 d'or à la bande de sable, chargée de trois coquilles d'argent.* — François-Balthazar-Joseph Ghislain, comte de Sainte-Aldegonde, de Genech, figure parmi la noblesse du bailliage de Lille, assemblée pour l'élection des députés aux États-généraux de 1789.

La Bourgeoisie à Genech, fief tenu de Genech, contenant 3 bonniers 13 cents d'héritage, valant en cense 18 livres parisis du bonnier.

A la veuve et hoirs de François de Madre, de Bachy ; par achat fait par le père de ladite veuve en 1543.

Le Pré Rouet, à Genech, fief tenu de Genech, contenant 12 cents de terre.

Martin de Moncheaux, 1603.

La Ratterie à Genech, fief tenu de Genech, contenant 10 bonniers 8 cents d'héritage avec 13 bonniers de terres cottières.

Hugues Segon, seigneur de Wyoaval, demeurant à Lille, 1585.

La Clocquetrie à Genech, hameau de Fournes, tenu de la Salle de Lille à 10 livres de relief, contenant 5 bonniers 15 cents et des rentes ; tenant à la rue Des Prez, au vivier du Fay, au bois de Lannoy et au chemin de la Croix de Fournes à la Febvrie.

Maître Claude Tesson, licencié ès-lois et demoiselle Catherine Cuvillon, sa femme. — Antoine Mollet par achat des précédents le 29 novembre 1604.

Le Chastelet à Genech, hameau de Fournes ; fief vicomtier tenu de la Salle de Lille à 100 sous de relief, comprenant 5 bonniers environ et quelques rentes ; tenant à la piedsente qui mène à *Hottez* et au chemin de la Croix de Fournes à la Febvrie.

Jacques Beauchans, 1373. — Jacques Beauchans, 1389. — Marguerite d'Auberchicourt, veuve de noble homme Jean de Wastines, 1447. — Mahieu de Faches dit Jovenel, 1459. — Guillaume Hangouart, fils de feu Roger, chanoine de Lille, 1561. — Jeanne Hangouart, sœur dudit Guillaume, femme de Maître Jean Le Fol. — Philippe Frémaut, par achat de Paris Hangouart. — Jean Frémaut, fils dudit Philippe, 1558. — Martin de Moncheaux, écuyer, bailli de Genech, par achat de Jean Frémaut, bourgeois de Lille en octobre 1598. — Martin de Moncheaux, écuyer, 1617. — Charles de Moncheaux, fils de Martin, 1623.

Englebert, à Genech, appelé aussi le fief de la *Motte de Cobrieux*, tenu de Cabrieux au relief d'une paire d'éperons blancs, et situé sur le chemin de Cobrieux à Genech.

Le Moulinet à Genech, hameau de Fournes, enclavement du Tournaisis ; contenant 5 bonniers 11 cents et demi.

La Ramée et le Bois Lichelet à Genech, fief tenu médiatement de Cysoing ; vend u () 1240 à l'abbaye de l'Honneur Notre-Dame, d'Orchies (Hautœ 1 *art de Flines*, XXV).

GRUSON.

1. Gruson paraît avoir été primitivement une dépendance d'Annappes. Par son testament de l'an 867, Saint Evrard donne à son second fils Béranger sa cense à Annappes avec toutes celles qui en dépendent excepté Gruson qu'il destine et qu'il attribue en effet à son troisième fils Adelard. Ce partage ayant été modifié quelque temps après, Gruson fut attribué à Rodolphe le quatrième fils d'Évrard, qui consentit à l'abandon de 10 bonniers de terre labourable, en 870, et d'un manse, en 874, pris sur cette terre, en faveur d'une chapelle fondée et dotée par sa mère à Cysoing.

Trois siècles plus tard on retrouve la terre de Gruson en la possession de la maison de Landas. Suivant une généalogie de cette famille, Amauri VIII, seigneur de Landas et de Warlaing, avoué de Marchiennes, qui souscrivit, en 1180, une donation faite à ce monastère par le comte Thierri d'Asace, aurait eu pour second fils Alard de Landas, seigneur de Gruisons. En 1221, Nicolas de Gruison figure comme caution dans un acte par lequel Gérard Brébison engage au doyen de Tournai un muid de blé et un muid d'avoine à prendre sur la dîme de Landas. (Hautcœur, *cartul. de Flines*, N° 111). Dans un autre titre de Marchiennes, de 1252, un Alard de Landas est qualifié seigneur de Gruison. (Mirœus, I, 411 — Cartul. de Marchiennes p. 251).

La terre de Gruson fit-elle retour au domaine du Souverain; où bien, ce qui est plus probable, le Comte de Flandre avait-il conservé une partie de ce territoire non inféodée jusques-là ; c'est ce qu'il n'est pas facile de reconnaître aujourd'hui. Toujours est-il que par ses lettres du 27 décembre 1288, Gui de Dampierre donne à son cher et féal Guillaume de Mortagne, chevalier, et à ses hoirs tout ce qui lui appartient à Gruisons, tant en rentes, viviers, hommages, qu'en toutes autres choses. Guillaume de Mortagne devait en jouir comme en avait joui, de son vivant, Alard de Landas, et les tenir du comte en accroissement du fief du bois de Glançon qu'il avait acheté de Marie, héritière de Mortagne, sa nièce. Le comte promettait de le garantir contre tous ceux qui le troubleraient dans sa possession et mandait aux hommes de Gruisons de lui faire hommage. (*Monuments anciens*, II, 764.).

La seigneurie de Gruson, à ce qu'il paraît, passa dans la famille des Châtelains de Lille. Vaader Haer dit avoir trouvé par titre de l'an 1299, Jean de Lille, seigneur de Gruisons et par autre titre de l'an 1351 Mahaut de Lille, demoiselle de Gruisons, faisant certaine donation à Jean de Lille, son neveu (Liv. 2, chap. 2, ad finem). Un siècle plus tard elle est aux mains des seigneurs d'Estrées de la Maison d'Oignies et, chose particulière, elle relève de la seigneurie de Templeuve en Dossemez.

II Le fief vicomtier de Gruson, tenu de la seigneurie de Templeuve en Dossemez à 10 livres de relief, comprenait un manoir avec 22 bonniers 724 verges de terre, deux viviers contenant ensemble 33 cents et des rentes. Tous les hôtes du lieu qui avaient pourceaux au jour de Saint-Remi devaient pour chaque bête le droit de pennage d'un obole qu'ils étaient tenus d'apporter au seigneur ou à son bailli, 19 hommages relevaient de la seigneurie de Gruson.

III. L'ancienne et illustre maison qui possédait cette seigneurie au XV° siècle, tirait son nom de la terre d'Oignies, en Artois, et portait: *de sinople à la fasce d'hermines*. L'un de ses descendants, Bauduin d'Oignies, chevalier, seigneur d'Estrées et de Gruson, fils de Colart, sire d'Oignies et de Marguerite de Molembaix, fut gouverneur de Lille, Douai et Orchies. Il mourut le 12 juin 1459, et fut inhumé à Lille en l'église de Saint-Étienne. Il laissait de sa seconde femme, Isabeau de Halluin, dame de Beaurepaire en Hainaut, un fils, Charles, auteur de la branche des comtes d'Estrées, et une fille du nom de Marguerite, mariée à Hugues de Montmorency. chevalier, seigneur de Bours. Charles d'Oignies, seigneur de Gruson, d'Estrées, de Beaurepaire, fils de Bauduin et d'Isabeau d'Halluin, épousa Jacqueline de Rubempré, d'où vint entre autres enfants Jacques d'Oignies, chevalier, seigneur d'Estrées et de Gruson, gouverneur, bailli et capitaine d'Aire qui mourut en 1526. Il avait épousé Anne de Prant-de-Blaesvelt qui lui avait donné un fils Claude et trois filles. Claude d'Oignies, chevalier, seigneur d'Estrées et de Gruson, eut de sa femme Jacqueline Mallet, dame de Berlettes et d'Anstaing, dix enfants dont le huitième Eustache d'Oignies fut seigneur de Gruson et d'Anstaing, gouverneur d'Ostende, puis de Hesdin. Celui-ci, dans ses armes, brisait d'Halluin sur la fasce. Il eut un fils qui mourut en bas âge et deux filles par l'aînée desquelles les seigneuries de Gruson et d'Anstaing passèrent dans la maison de Fiennes.

Marc de Fiennes, vicomte de Fruges, seigneur d'Esquerdes et de Lumbres, époux de Madeleine d'Oignies, portait : *d'argent au lion de sable*. Leur second fils, Maximilien de Fiennes, comte de Lumbres, maréchal des camps et armées du Roi, fut seigneur de Gruson et d'Anstaing. Il mourut au mois de juillet 1714, père de quatre enfants dont l'aîné, Maximilien-François, marquis de Fiennes, lui succéda. Celui-ci avait obtenu, en 1698, l'érection de ses terres de Gruson, d'Anstaing et de Chéreng en Marquisat sous le nom de Fiennes (P. Anselme, VI, 176. — *Nobiliaire des Pays-Bas*, édit. de Herckenrode, t. I, p. 748). Il fut lieutenant-général des armées du Roi et mourut à Paris le 26 avril 1716, ne laissant de son mariage avec Louise-Charlotte d'Estampes, petite-fille du maréchal de France de ce nom, qu'un seul fils, Charles-Maximilien, marquis de Fiennes, qui vendit, en 1727, Anstaing et Gruson à Michel Le Maistre, écuyer, seigneur d'Esplechin, conseiller, secrétaire du Roi.

Michel Le Maistre qui portait : *d'or à la croix ancrée de sable*, mourut en 1731. Il eut pour successeur son fils unique, Joseph-Michel-Chrétien-Anaclet Le Maistre, écuyer, seigneur d'Esplechin, allié à Isabelle-Charlotte Jacobs.

Le Coulombier, à Gruson, fief tenu de Templeuve en Dossemez à 10 livres de relief ; contenant une ferme avec 16 bonniers de terres labourables.

En 1728, ce fief appartenait au fils aîné de messire Joseph-Ignace-Florent-Louis de Nassau, comte de Corroy.

Thieulaine, à Gruson, tenu de la seigneurie de Templeuve en Dossemez à 10 livres de relief, comprenant 8 bonniers 920 verges tenant au chemin de la Croix-au-Bras au pont à Tressin, au chemin de Cysoing à Baisieux et au chemin qui mène à la Cocquine ; 2 hommages.

Dans la première moitié du XVIIe siècle, ce fief était aux mains d'Arnoul de Thieulaine, chevalier, seigneur de Fermont;—Dame Marie-Françoise Loccart, épouse de Louis-Albert-Dragon, écuyer, seigneur de la Robardrie, le laissa à sa nièce, dame Marie-Claire Loccart, épouse de Charles-Joseph Bady, écuyer, seigneur d'Aimeries, 1728.

LOUVIL.

Ce village appartenait à l'abbaye de Cysoing. — En 1164, Gérard, évêque de Tournai, confirma à cette abbaye la possession de Louvil, tant en terres qu'en prés et bois, sur lesquels l'avoué n'avait que le tiers des amendes. — Suivant un état dressé le 18 décembre 1286, le revenu des terres labourables ; prés, dîmes, rentes, terrages, eaux et manoirs, que l'abbaye de Cysoing possédait à Louvil, s'élevait à 154 livres 15 deniers.

MÉRIGNIES.

Fief vicomtier tenu du châtelain de Lille à 10 livres de relief ; comprenant un château et, avec la Broye à Ennevelin et les terres incorporées, 22 à 23 bonniers tenant à la Marque. 10 hommages en relevaient, parmi lesquels : La Charue, La Broye et Çroyel à Ennevelin, l'Escondit à Mérignies.

Dans la première moitié du XIIIe siècle, la seigneurie de Mérignies était aux mains de Marguerite de Hérimez, belle-fille du *glorieux chevalier*, Rasse de Gavre, fait prisonnier à la bataille de Bouvines, et mère de l'*illustre chevalier*, Jean de Gavre, tué à la bataille de Furnes.

Jeanne de Hangouart, dame de Mérignies, mariée le 19 mai 1340 à Guillaume de La Clyte, chevalier, frère du baron de Comines, eut une fille, Sibille de La Clyte, qui porta la terre de Mérignies dans la maison de Nédonchel, par son mariage avec Robert de Nédonchel, chevalier. — Béatrix de Nédonchel, épouse de Jacques, seigneur de Buisse et de Berlaimont, vendit Mérignies avec le fief de La Broye, en 1440, à Henri de Tenremonde, écuyer, conseiller du duc de Bourgogne, dans la famille duquel elle resta jusqu'à nos jours, c'est-à-dire plus de quatre siècles. Tenremonde portait : *Plumeté d'or et de sable.*

Gilbert de Tenremonde, écuyer, seigneur de Mérignies, fils d'Henri et de Jacqueline Fremault, assista à la bataille de Montlhéry, le 16 juillet 1465 ; il y fut très grièvement blessé et resta pour mort pendant trois jours. Une inscription, placée dans l'église Saint-Étienne à Lille, rappelait le secours providentiel que Gilbert avait obtenu par l'intercession de Sainte Barbe. Il fut bailli de Lille en 1485 et mourut en 1493. — Antoine de Tenremonde, son fils, successivement bailli de Lille et d'Armentières, lieutenant du gouverneur de la Flandre-Wallonne et son capitaine au château de Lille, commissaire au renouvellement de la loi de Lille, chambellan de l'empereur Charles-Quint, mourut le 6 février 1542, laissant d'Antoinette de Cuinghien ou de Hem, dame de Bachy qui portant : *d'argent à 4 chevrons de gueules*, quatre enfants dont Philippe de Tenremonde, seigneur de Bachy, et Jacques, seigneur de Mérignies et La Broye. — Celui-ci eut un fils du nom de Jacques, mort sans alliance en 1569, et une fille, Gérardine de Tenremonde, dame de Mérignies après son frère. Elle eut de Jean de Cuinchy, écuyer, seigneur de Libersart, une fille unique, Marguerite de Cuinchy, qui mourut, sans postérité, en 1590, et laissa la seigneurie de Mérignies à Philippe de Tenremonde, seigneur de Bachy, cousin-germain de sa mère. Philippe mourut le 15 mai 1597 et eut pour héritier son second fils, Pierre de Tenremonde, chevalier, seigneur de Bachy, de Mérignies, du Gars, mort le 28 avril 1619, laissant de sa seconde femme, Marie de La Hamaide, qui portait : *d'or à 3 hamaides de gueules*, deux fils : Louis de Tenremonde, chevalier, auteur d'une nouvelle branche des seigneurs de Mérignies.

Lamoral-François fit construire le château de Mérignies, où lui et ses descendants ont depuis établi leur principale résidence. Il épousa, en 1652, Marie-Madeleine Vander Meer et mourut en février 1658. — Louis-François de Tenremonde, leur fils aîné, chevalier, seigneur de Mérignies, mourut à Lille le 14 février 1726. Il eut pour successeur Paul-Louis de Tenremonde, chevalier, seigneur d'Estrée, qui épousa, en 1734, Marie-Louise de Carnin-Stadin; et mourut le 4 novembre 1756. — Son fils, Jean-François de Tenremonde, chevalier, seigneur d'Estrée, de Mérignies, de La Fossardrie, de Camp-Royé, mourut le 22 mai 1782. Il eut pour successeur son fils, Charles-Louis-Ghislain de Tenremonde, chevalier, seigneur d'Estrée et de Mérignies, qui assista, avec la noblesse du bailliage de Lille, à l'élection des députés aux États-Généraux de 1789, et mourut à Tournai le 17 mars 1836. — M. Victor-Charles-Albert-Joseph de Tenremonde, mort le 9 février 1864, le dernier de sa race, était le neveu de celui-ci.

L'Escondit à Mérignies, tenu de Mérignies et la Broye au relief d'une paire de blancs gants, comprenant un demi-cent de terre et la coupe des hallos croissant autour d'une place, laquelle « comme on dist fut anchiennement ordonné pour faire escondit. »

Marguerite Merlinc, fille de Louis, 1456. — Piérart Carpentier, 1505.

Drumez, à Morpas, paroisse de Mérignies, fief tenu de la seigneurie d'Avelin à 100 sous de relief; contenant 6 bonniers, 1 cent et 5 quartiers, tenant au grand chemin de Cappelle, à

Marcque, aux fiefs de Rupilly et aux terres de la cense de La Wallutte.

A Antoine Coget, fils de Pasquier, XVII° siècle.

Havesquerque, à Mérignies, fief tenu de la seigneurie d'Avelin à 100 sous de relief, consistant en 12 bonniers 2 cents tenant à la terre du grand Morpas et au chemin de Morpas à La Poissonnerie et au chemin de Cappelle.

A Marguerite et Denise Barbieux, fille de feu Allard, bourgeois de Douai, XVII° siècle.

Le Grand Morpas, à Mérignies, fief tenu de la seigneurie d'Avelin à 10 livres de relief, comprenant une cense et 22 bonniers, tenant au grand Rupilly, au fief du Bois Legroul, au fief des Hauts-Logis et au chemin de Morpas à Orchies.

Marguerite Le Roy, fille de Jean, veuve de Hugues le Villain, bourgeois de Douai. XVII° siècle. — Cette seigneurie a été achetée par N. Du Bois, seigneur de Choques, époux de N. de Waresquiel. — Elle a appartenu depuis à M. Dupuy, seigneur de Mesplau, par sa mère, sœur héritière du possesseur de Morpas.

Le Bosquel Morpas, à Mérignies, fief vicomtier tenu de la seigneurie d'Avelin à 10 livres de relief; comprenant 4 bonniers 6 cents de plat bois, tenant au grand chemin de Lille à Douai et au chemin d'Orchies à Mérignies, et des rentes sur 22 bonniers.

A dame Agnès Ghiselin, veuve de messire Jacques de Ydeghem, chevalier, seigneur de Wièze? — Son fils Philippe de Ydeghem, écuyer, seigneur de Wastines, des Plancques, etc., XVII° siècle.

Le Grand Ruppilly, à Morpas, paroisse de Mérignies; fief vicomtier, tenu de la seigneurie d'Avelin à 5 livres de relief; comprenant un manoir entouré d'eau et 22 bonniers de terre.

Antoine de Landas-Mortagne, chevalier, seigneur du lieu, 1546. — Robert de Landas-Mortagne, chevalier. — Amaury de Landas-Mortagne, chevalier, baron de Landas, fils du précédent.

— Antoine-Robert-Ignace de Landas-Mortagne, baron de Landas, mort à Douai, paroisse Saint-Albin, le 13 juillet 1680. — Son fils Maximilien-Joseph de Landas-Mortagne, chevalier, petit-fils du précédent, 1701. — Maximilien-Antoine-Charles Joseph de Landas-Mortagne, chevalier, son fils, capitaine au régiment de Béarn, en 1763. — Gaspard-Joseph-François Le Bouc, seigneur du Grand Rupilly, acheté du précédent et dont il fit le dénombrement le 2 septembre 1782, devant la cour féodale de la baronne d'Avelin; il fut conseiller au Parlement, puis à la cour royale de Douai et mourut le 2 mars 1824.

Le Petit Rupilly, à Morpas, paroisse de Mérignies, fief vicomtier tenu de la seigneurie d'Avelin à 10 livres de relief; contenant un manoir et 17 bonniers de terre, 4 hommages en relevaient parmi lesquels La Croisette à Mérignies.

A Bauduin de La Chapelle, XVIIᵉ siècle.

La Croisette, à Mérignies, hommage du Petit Rupilly.

Le Quint de Rupilly, à Mérignies, fief vicomtier tenu de la seigneurie d'Avelin à 10 livres de relief; comprenant 5 bonniers tenant au grand chemin d'Orchies. au Grand et Petit Rupilly et au chemin de Morpas à Templeuve. — Rentes seigneuriales : le quint de 3 rasières d'avoine.

A Martine Barbieux fille de Noel, veuve de Jean Ballet, au XVIIᵉ siècle.

La Wallutte, à Mérignies, fief vicomtier tenu de la seigneurie d'Avelin à 10 livres de relief; consistant en une cense et 30 bonniers, tenant à la seigneurie de Cauchompret et au chemin de Pont-à-Marcq à Orchies.

A Michel alias Julien Barbieux, par achat en 1528. — Jean, fils du précédent. — Son fils Jean, mort sans enfants, laissant le fief à sa sœur Catherine Barbieux, épouse de Jacques Carlier, bourgeois de Douai.

La Froissardrie, à Mérignies, fief vicomtier tenu de la seigneurie de Sainghin-en-Mélantois à 10 livres de relief ; comprenant 40 bonniers parmi motte entourée d'eau, bois, prés, pâtures et terres labourables ; et 10 cents de terre réincorporés jadis au fief ; trois chapons, 14 deniers et 6 havots d'avoine ; 5 hommages parmi lesquels Le Saulchoy ou Saulçois à Marcque-en-Pevèle.

Péronne de La Motte, dame d'Anstaing et de la Froissardrie, épouse de Jean Du Mez, 1422. — Wallerand Du Mez, leur fils. — Michelle Du Mez, héritière de La Froissardrie, laissa cette seigneurie à son cousin Léon de Louvignies. — Charles de Louvignies, fils de Léon, 1556. — Marguerite de Louvignies, fille de Léon, épouse de François du Bosquiel, écuyer, seigneur de Stadins, 1621. — En 1720, cette seigneurie appartenait à Anne-Françoise de Noyelle, épouse de Pierre-Auguste Petipas, chevalier, seigneur de La Mousserie à Roubaix. — Les héritiers de cette dame.

Berlinet, à Mérignies. Mouvance inconnue ; ressort d'Artois ? consistant en rentes : 14 sous 3 deniers, 54 poules, 81 rasières 1/4 d'avoine.

Au prince de Robecque à la fin du XVII° siècle.

Cauchompret, seigneurie à Mérignies, tenant à La Wallutte.

Le Bois Legroul, fief à Mérignies, tenant au Grand-Morpas.

Les Hauts-Logis, à Mérignies, fief tenant au Grand-Morpas.

MONCHEAUX.

Seigneurie appartenant à la Collégiale de Saint-Pierre de Lille.

Wannehain, à Moncheaux, fief de 6 bonniers 10 cents de bois ; acheté de Cornille Du Bus par le chapitre de Saint-Pierre de Lille.

Fromont, à Moncheaux, fief tenu de la seigneurie du Roseau à Avelin, à 10 livres de relief, comprenant 22 bonniers d'héritage et des rentes sur 20 bonniers 12 cents.

Louis de Bacchem, écuyer, seigneur de Fromont. — Jacques de Flandre, par achat du précédent en 1534. — Anne Herlin, veuve de Jacques, 1621.

MONS EN PÉVÈLE.

Village donné en 673 par le roi Thierry à l'abbaye de Saint-Vaast d'Arras, et dont le châtelain de Lille devint l'avoué. Celui-ci et l'abbé réglèrent, en 1220, leurs droits réciproques à Bauvin, à Annœulin et à Mons en Pévèle par un acte destiné à servir de loi pour ces trois villages de Saint-Vaast. Comme avoué, le châtelain de Lille jouissait à Mons-en-Pévèle de divers droits détaillés dans l'article : *Phalempin ou fief du châtelain de Lille*, § VII.

Le Vincourt, à Mons en Pévèle, fief vicomtier tenu de la Salle de Lille à 10 livres de relief, comprenant un manoir seigneurial et 37 bonniers 440 verges, une dîme de 3 gerbes du cent sur 93 bonniers, un terrage de 7 gerbes du cent sur 21 bonniers, des rentes sur 195 bonniers 4 cents, l'avoir de bâtard, les épaves ou estrayers et 18 hommages, parmi lesquels : Le Blocus, la Brasserie, Bretaigne, Le Camp de Hainaut, Miromont, Tirtel, La Vacquerie à Mons en Pévèle.

A Gilles de Buissi, chanoine de Saint-Amé à Douai qui en fit rapport le 5 mars 1372. — Jean de Burgmaistre, écuyer, fit aussi rapport de cette seigneurie le 12 janvier 1388. — Madame Antoinette de Rambures, épouse de Guy de Brimeu, comte de Meghem, seigneur de Humbercourt, chevalier de la Toison d'or. — Pierre de Le Salle, seigneur de Tresmaisnil, par achat du comte de Meghem 1546. — Jean de Moncheaux, seigneur de Foresteaux, par achat dudit de Le Salle, avril 1553. — Ponthus de Moncheaux, fils de Jean, au trépas de son père arrivé en 1561. — Nicolas des Wattines par achat des tuteurs de Charles de Moncheaux en novembre 1585. — Pierre de Moncheaux par retrait en 1588. — Maximilien de Moncheaux, écuyer, fils de Pierre, au décès de son père en octobre 1605. — Charles de Moncheaux, héritier de son frère Maximilien, 1619. Charles de Moncheaux mourut en 1645 laissant la seigneurie de Le Vincourt à sa cousine Barbe de Cuinghien, veuve de Philippe Du Bois, écuyer, seigneur de de Besaignes. Celle-ci mourut le 13 février 1649, laissant la seigneurie à son neveu Philippe de Cuinghien, écuyer, seigneur de Siracourt. — La famille Deliot par le mariage de l'héritière de Cuinghem au commencement du XVIII° siècle.

Le Blocus, à Mons-en-Pévèle, fief vicomtier tenu de la seigneurie de Le Vincourt à 10 livres de relief, comprenant une maison seigneuriale sur motte entourée de fossés avec 3 bonniers 7 cents, 22 bonniers 5 cents de terre à labour, 2 bonniers 14 cents de pré et de rentes.

Demoiselle Catherine Lombart, veuve de Jean Théry, d'Arras, 1623.

La Brasserie, à Mons-en-Pévèle, fief tenu de la seigneurie de Le Vincourt à 100 sous de relief, contenant 4 bonniers 14 cents d'héritage sur le chemin de Le Vincourt à Mons en Pévèle.

Antoine Wartel, 1623.

Bretaigne, à Mons en Pévèle, fief tenu de la seigneurie de Le Vincourt à 10 livres de relief; comprenant 8 bonniers 14 cents de terre tenant au fief de La Brasserie, et des rentes foncières.

Messire Philippe de Ydeghem, chevalier, 1623.

Le Camp de Hainaut, à Mons en Pévèle, fief tenu de la seigneurie de Le Vincourt à un blanc fût de lance, contenant 2 bonniers tenant au chemin de Lille à Douai.

Miromont, à Mons en Pévèle, fief tenu de la seigneurie de Le Vincourt à 10 livres de relief, comprenant un manoir et 10 bonniers 4 cents de terre tenant au Camp Haudebas et aux terres du seigneur de Tanay.

Guillaume de Carieul, fils de feu Claude écuyer, 1623.

Tirtel, à Mons en Pévèle, fief tenu de la Seigneurie de Le Vincourt, comprenant un manoir et 12 bonniers 10 cents de terre et une portion de dîme.

La bonne maison des ladres bourgeois de la ville de Lille.

La Vacquerie dit **Le Courant,** à Mons en Pévèle, fief tenu de la Seigneurie de Le Vincourt, à 10 livres de relief, comprenant un manoir et 5 bonniers 4 cents de terre tenant au fief de Miromont au chemin de la Vacquerie à Mons en Pévèle et au courant qui flue de la Vacquerie au pont à Buvry.

Martin Gruel, 1623.

Grommyne , à Mons en Pévèle fief tenu de la Salle de Lille, contenant un bonnier

A Jean de Wasquehal en 1561.

Les Bruyères, à Mons en Pévèle, fief tenu du châtelain à une blanche lance de relief ; comprenant 3 bonniers tant en bois qu'en terres labourables sur le chemin de La Tenardrie à Lille.

Urbin de Wasquehal , 1456. — Jean de Wasquehal . écuyer, 1493. — Charles de Wasquehal, seigneur de Wasquehal.— Michel et Marguerite de Wasquehal, enfants mineurs de Charles.

Le Gardin anciennement **Les vieux Courboults** , à Mons en Pévèle, fief vicomtier tenu du châtelain de Lille à 30 sous de relief, comprenant 7 bonniers d'héritage et des rentes.

Gilles Bernier; 1456. —Jacqueline de Vermieux, épouse de Jean Le Buoq , 1500. — Jean Le Vasseur. —Marguerite Le Vasseur, sa fille, épouse de Jacques de Lannoy.

Wasquehal, à Mons en Pévèle, fief vicomtier tenu du châtelain de Lille à 10 livres de relief, comprenant 17 bonniers d'héritage, 2 cents de pré et des rentes.

Jean de Wasquehal, 1389. — Urbain de Wasquehal, 1456. — Jean de Wasquehal. — Marie Gherbode, veuve de Jean de Wasquehal, écuyer, seigneur du lieu, 1552. — Dame Marie-Anne de Sepmeries, dame de Wasquehal, Thelu, etc., veuve de Charles-Robert de Bacquehem, écuyer, seigneur de Barate, 1683; fondatrice de la sainte et noble famille de Lille, à laquelle elle fit don, le 13 juin 1693, de toutes ses terres et seigneuries de Wasquehal et de Thélu.

Cette donation acquitta un droit seigneurial de 300 florins.

MOUCHIN.

Fief vicomtier tenu du châtelain de Lille à 10 livres de relief, comprenant 20 bonniers et 9 cents de terre avec un manoir sur motte entourée d'eau, des rentes, trois demi-journées de corvée avec chevaux et une corvée avec fourche par chaque bonnier, 17 hommages, parmi lesquels : Tournemine, Le Bruille, Gamant, le Reppe et Clérimont à Mouchin.

Mouchin est connu depuis le IXᵉ. siècle Charles-le-Chauve, par un diplôme du 23 mars 847, affecta aux religieux de Saint-Amand la neuvième partie du revenu de ce village, qu'il nomme : *Muscinium*. — En 1252, un débat existait entre la comtesse Marguerite et Gautier de Croix, évêque de Tournai relativement au domaine de Mouchin. Pour établir de qui était tenu ce fief, ils nommèrent des arbitres à la décision desquels ils promirent de se rapporter. (Bulletins de la société de Tournai, tome 16, 79). Cette décision ne nous est pas connue, mais il y a tout lieu de croire qu'elle fut en faveur de Marguerite, puisque le châtelain de Lille faisait hommage de Mouchin aux comtes de Flandre.

Parmi les témoins d'un acte de l'abbaye de Marchiennes figure un Gérard de Muscin, 1173-1190 (fonds de March., n° 58). — Un acte de l'abbaye de Flines cite, en 1253, un Alexandre de Moschin (Hautcœur, CIV). — En 1342, la seigneurie de Mouchin était aux mains de Jean de Mouchin, fils de Jean, qui peut-être est le même personnage que Jean Clenquet, sire de Mouchin en 1355. Celui-ci portait : *d'or au chef d'argent, vairé de gueules.* Un autre Jean Clenquet et sa femme, Marie Gommer, vendirent le 28 janvier 1405, la seigneurie de Mouchin à Hugues de Quartes, conseiller du roi de France (*Souvenirs de la Flandre-Wallonne,* t. X, p. 50). — Roland de Quartes, écuyer, la releva après la mort de Hugues, son père, en 1423. — En 1434, le seigneur de Mouchin était Alard de Quartes, écuyer. — En 1449, c'était Jacques d'Estrayelles, écuyer. — Parmi les successeurs de celui-ci, on trouve Caron d'Estrayelles, écuyer ; — Michel d'Estrayelles ; — Antoine, son fils, qui releva la seigneurie le 2 novembre 1535 ; — Jean d'Estrayelles, fils de Françoise de Vlieghe ; — Jacques, fils de Jean ; — Jean, dernier du nom, qui mourut an 1620. — Au XVIIIᵉ siècle, Guillaume-Joseph Le Sart occupait le château de Mouchin. — Le Sart portait : *Tiercé en pal, au premier, d'azur, à un lion d'argent ; au second, d'argent à un demi-aigle de sable, becqué et membré de gueules, mouvant du trait du parti, coupé aussi d'argent, à une demi-croix de gueules, mouvante aussi du parti ; et au troisième, d'or à trois barres d'azur.* — Marguerite-Jeanne le Sart, héritière de Mouchin, épousa Charles-Philippe de La Chapelle, écuyer, qui portait : *de gueules à une croix ancrée d'or, cantonnée de quatre couronnes de laurier de même* (Borel d'Hauterive, *Armorial de Flandres,* p. 125). Il est probable que la seigneurie de Mouchin fit retour à la famille. Le Sart, car on voit figurer parmi la noblesse du bailliage de Lille, assemblée pour l'élection des députés aux États-Généraux de 1789, Louis-Joseph-Hippolyte Le Sars, écuyer, seigneur de Mouchin.

Le Bruille, à Mouchin, tenu de Mouchin à 3 sous de relief ; comprenant 3 bonniers d'héritage et des rentes.

A Pierre d'Estaimbourg en 1456. — A Jean d'Auberchicourt, dit d'Estaimbourg, en 1506.

Clérimont, à Mouchin, tenu de Mouchin à 10 livres de relief; comprenant un manoir et 4 bonniers et demi d'héritage.

Oliffars Li Sures, 1456. — Quentin Le Sur, 1505. — Quentin, l'aîné.

Gamant, à Mouchin, tenu de Mouchin à 10 livres de relief; contenant 4 bonniers d'héritage.

Jeanne de Bercus, épouse de Thierry Damaing, écuyer, 1456. — Haquinet Hazart, 1505.

Le Reppe, à Mouchin, tenu de Mouchin à 100 sous de relief; comprenant un manoir avec 7 bonniers et demi d'héritage et des rentes.

Oliffars Ly Sures, 1456. — Jacques Le Sur. — Jean d'Auberchicourt, dit d'Estaimbourg, 1505. — Jean d'Auberchicourt, dit d'Estaimbourg.

Tournemine, à Mouchin, tenu de Mouchin à 10 livres de relief; comprenant un manoir sur motte avec 4 bonniers d'héritage.

Pierre d'Estaimbourg, 1456. — Thavien ou Thurien de Bercus, 1505. — Thavien ou Thurien de Bercus. — Romain Fruict, 1603.

Bercus, à Mouchin, seigneurie tenue du châtelain de Lille à 10 livres de relief; comprenant, en 1456, un manoir avec 3 bonniers de viviers et de bois, 53 bonniers de terre ahanable, 17 bonniers et demi de prés, riez et pâturages, un terrage de 46 bonniers 5 cents, 8 livres de rente, 7 chapons et demi, 3 rasières de blé, 5 rasières d'avoine et 9 hommages.

En 1176, Wattier, sire de Bercus, avait épousé Antoinette de Herrin, fille d'Anseau, sire de Herrin, chevalier, d'où vint Wattier, marié à Clémence de Bondues (Portefeuille de Muyssart). — En mars 1302, Jean de Bercus et sa mère, par avoué, cèdent tout le droit qu'ils pouvaient avoir sur 5 bonniers et un quartier de terre achetés par l'abbesse de Flines au territoire de Bercus. (Hautcœur, N° CCCLXIII). — En 1313, on trouve un Baude de Bercus (Muys-

sart). — Jean, sire de Bercus, chevalier, laissa une fille unique,
Marie, dame de Bercus, qui épousa, avant 1339, Jean de Croix,
écuyer, sire de Drumez, mort de 1350 à 1353, fils d'Olivier, frère
cadet de Jean III, seigneur de Croix. — Gilbert de Croix, dit de
Drumez, écuyer, leur fils, leur succéda à la seigneurie de Bercus.
Il fut condamné, par sentence du 9 novembre 1563, à payer
60 écus d'or à l'abbaye de Flines et 120 livres parisis d'amende
au profit du Roi, pour injures et blessures faites au bailli et au
forestier de cette abbaye. Faute de paiement et d'amende hono-
rable, la seigneurie de Bercus fut saisie et vendue à messire
Simon de Lalaing, chevalier, pour la somme de 474 écus d'or. —
Simon de Lalaing fut mis en possession de la seigneurie de Bercus,
le 20 avril 1356, par le bailli du châtelain de Lille et les hommes de
fief de la cour de Phalempin, et vit son acquisition validée par le
roi de France, en juin de la même année (*Souvenirs de la Flandre
Wall.* t. 10, p. 186. — On trouve, en 1384 et 1386, Jean dit
Fiévet, sire de Bercus, chevalier, bailli de madame d'Auxi, de son
fief des Francs-Alleux de la baronnie de Cysoing (*Cart. de Marquette*, t. II, Hautcœur, *cartul. de Flines*, DCLXXVV); puis N.,
fille du seigneur de Bercus, en 1389. — Cependant Bernard de
Croix, frère cadet de Gilbert, rentra en possession de la terre de
Bercus qu'il laissa à son neveu et héritier, Otte de Croix, fils
d'Olivier II. Otte la vendit à Gilles Hanette, qui se qualifiait
sire de Bercus en 1417 et en 1426. Cette nouvelle maison de
Bercus portait : *d'or à trois trèfles de sable.*

Gilles Hanette avait épousé Catherine d'Auberchicourt, fille de
Jean, chevalier, et de Marie Clenquet. Ils laissèrent le fief à leur
fils Jean Hanette, qualifié, en 1430, seigneur de Bercus, dont il
servit le dénombrement en 1441 et en 1456. Jean Hanette prit
pour femme Jeanne Du Chastel de La Hovardrie, dont il eut
Quentin Hanette, chevalier, sire de Bercus en 1462 et 1487, mort
avant 1493. Il avait épousé Anastasie de Landas, décédée avant
1503. — Arnoul Hanette, chevalier, leur fils, qualifié sire de
Bercus en 1493, épousa Catherine de La Vacquerie, fille de Jean,

premier président au Parlement de Paris. Ils laissèrent la terre de Bercus à leur fils, François Hanette, qui la releva en août 1526. Ce dernier, qui avait épousé Jeanne Le Preudhomme d'Hailly, fut inhumé dans la chapelle Notre-Dame, en l'église de Mouchin, avec sa femme, dont il avait eu une fille, Catherine Hanette, qui eut la terre de Bercus après la mort de ses parents. Catherine Hanette fit passer, par son mariage avec Philippe de Tenremonde, chevalier, seigneur de Bachy et de Mérignies, la seigneurie de Bercus dans la famille de son mari, qui portait : *Plumeté d'or et de sable.*

Jacques de Tenremonde, chevalier, sire de Bercus, 3° fils de Philippe et de Catherine Hanette, né vers 1561, épousa, en 1606, Marguerite de Boubais, morte en 1622, et avec laquelle il fut enterré, le 4 juillet 1633, dans l'église de Mouchin. Il en avait eu six enfants, parmi lesquels : Jacques de Tenremonde, écuyer, dit Monsieur de Bercus, mort sans alliance, et Maximilien de Tenremonde, chevalier, sire d'Anvin, puis de Bercus, après son frère. Maximilien mourut le 5 mai 1683, époux d'Antoinette de Croix, qui lui avait donné quatre filles : Marie-Adrienne de Tenremonde, mariée à messire François Renaud, beron de Rouvroy; Marie-Catherine; Marie-Dominique-Françoise, marié à Jérôme Molé; et Marie-Antoinette-Florence, morte sans enfants.

Willemain, à Mouchin, tenu du châtelain de Lille à 10 livres de relief, comprenant 5 bonniers d'héritages et des rentes. Ce fief était sous la justice du seigneur de Mouchin.

Jean d'Auberchicourt dit d'Estaimbourg, à cause de sa femme, 1456. — Jean d'Auberchicourt, seigneur d'Estaimbourg, 1511.— Nicolas Sourdeau. — Lyon Sourdeau, seigneur de Tournebus. — Nicolas Sourdeau, fils de Lyon.

La Taille de Mouchin, fief tenu du châtelain de Lille à 10 livres de relief; consistant en 10 livres à prendre annuellement sur les manoirs tenus du seigneur de Mouchin et dont ce dernier est tenu de poursuivre le paiement.

Jean d'Estaimbourg, dit Froissart, chevalier, **1389**. — Pierre d'Estaimbourg. — Gillet Le Prous, **1456**. — Gillet Le Prous, **1511**. — Gilles Le Prous.

Le Terrage de Mouchin, tenu du châtelain de Lille à 10 livres de relief, comprenant les terrages et fourquages de 80 bonniers de terre à Mouchin.

Vulfart de Lannais. — Victor de Flandre, à cause de sa femme. — Messire Bauduin de Lannoy, dit le Bègue, chevalier, **1456**. — Françoise de Lannoy, épouse d'Antoine de Montmorency, seigneur de Croisilles, **1507**. — Bauduin de Montmorency, seigneur d'Imbermont, époux de Marguerite d'Oignies. — Marc de Montmorency, leur fils.

Les Chapons ou **Les Marets**, à Mouchin, fief tenu du châtelain de Lille à 30 sous de relief; comprenant 132 chapons et autres rentes que le seigneur de Mouchin devait garantir, recevant les droits seigneuriaux.

Louis de Vaille. — Bauduin de Lannoy, dit Le Bègue, seigneur de Molembais. — Françoise de Lannoy, épouse d'Antoine de Montmorency, seigneur de Croisilles, **1507**. — Marguerite d'Oignies, douairière de Freutzen et d'Imbermont, héritière d'Oignies, Blaton, Linselles, etc., mère de Marc de Montmorency, fils mineur de Bauduin, chevalier, seigneur d'Imbermont.

Le Rappe, à Mouchin, fief tenu de la Salle de Lille au relief d'une paire de blancs gants, contenant 7 quartiers de prés sur le chemin qui conduit du pont à Plamart vers Tournai.

Aleaume Galles, **1372**. — Jacques Lanstais, **1388**. — Jean Rouzé, dit de le Motte, **1447**. — Hues de Gherbode, fils de feu Georges, **1496**. — Nicolas Sourdeau, seigneur de Tornibus, **1561**. — Allard Desquennes, **1603**. — Pierre Blomme, procureur, par achat des curateurs dudit Desquennes, **1604**.

La Carnoie, à Mouchin.
A l'abbaye de Flines.

OSTRICOURT.

Domaine du châtelain de Lille qui y percevait des rentes en argent, en blé, avoine, chapons et en corvées de pied. Il y avait un moulin à vent banal et 5 quartiers de pré. En sa ville d'Ostricourt, ledit châtelain avait bailli, 7 échevins, fourches à trois piliers, halle où l'on tenait les plaids en toute justice haute, moyenne et basse, comme à Phalempin. L'échevinage d'Ostricourt avait ses coutumes locales.

Louis XIV, héritier des Châtelains de Lille, vendit Ostricourt à Alexandre Petit, chevalier, seigneur du Châtelain et de Grantsart, fils de Michel et de Marguerite Garibaldo, d'une famille génoise, morte en 1680 et enterrée le 21 octobre en la chapelle de Saint-Nicolas, dans l'église Saint-Étienne, à Lille. Il était né le 18 février 1651. Nommé greffier au bureau des finances de la Généralité de Lille, en 1692, puis commis-greffier, en 1693, il mourut le 8 mai 1708. Il avait épousé Marguerite de Beaumaretz, fille de Jacques et de Jeanne-Claire Bayart, dame du Châtelain. Ils eurent pour enfants : Pierre-Joseph qui suit; Marie-Thérèse Petit, morte en 1758, ayant épousé, en 1707, Jean-Ferdinand-Guillaume Le Prévost de Basserode, chevalier, seigneur de Hautgrenier; Marguerite-Alexandrine Petit, alliée à Jean-Baptiste de Saint-Amour, trésorier de l'Extraordinaire des guerres. — Pierre-Joseph Petit, chevalier, seigneur d'Ostricourt, créé greffier au bureau des finances en 1713, commis-greffier en 1746, obtint des lettres de vétérance en 1751. Il avait épousé, le 4 juillet 1708, Marie-Catherine Roussel de Wagnonville, qui lui avait donné : 1° Nicolas-Joseph-Marie Petit, seigneur d'Ostricourt, mort le 31 mars 1785, noyé dans le canal de l'Esplanade, à Lille. Il s'était allié en 1765 à demoiselle Bernard, morte sans enfants; 2° Marie-Henriette Lucie Petit, mariée à Paul Milhaut de Saint-Paul, capitaine au régiment de Picardie, dont postérité; 3° Pierre-Joseph Petit, religieux à Phalempin (De Liessart, *Notes relatives au Bureau des Finances de Lille*).

La Hamedde ou **Hamalde**, Ostricourt, fief tenu du châtelain de Lille à 7 sous 6 deniers de relief, consistant en rentes et ayant toute justice et seigneurie foncière, bailli, cour et hommes cottiers, lesquels doivent service de cour et de plaid à Ostricourt ; droit d'afforage sur les boissons.

Quentin Noiret. — Jacqueline Noiret, sa fille, épouse de Marc de Glen ; — leur fils Quentinet de Glen, 1501. — Jean d'Anvers, fils de Pierre.

Le bois d'Auby, de Tonnelaire ou **de Cuerne**, à Ostricourt, fief tenu du châtelain de Lille à 10 livres de relief, consistant en 48 bonniers de bois avec 5 bonniers de terre cottière.

Robert de Bauffremez. — Antoine Picquette, 1456. — Nicolas de Saint-Genois, seigneur de Clérieu, 1500.— Jean de *Tonnelaire*, écuyer, seigneur de *Cuerne*. — Robert de la Tramerie, seigneur de Forest, de Rehautcour et d'*Auby*, capitaine des ville et château d'Aire,

PONT-A-MARCQ.

Parmi les biens donnés, en 1039, à l'abbaye de Phalempin par Saswalon, son fondateur, et qui lui furent confirmés en 1108 par Balderic, évêque de Tournai et en 1110 par le Pape Pascal II, se trouvait l'alleu de Marcq. Le châtelain de Lille était l'avoué de cette abbaye, et à ce titre percevait à Marcq le tiers de toutes les amendes prononcées par les échevins sauf celles qui naissaient du fonds et de la propriété des héritages de l'abbaye et de ses hôtes. Dudit châtelain relevaient à Marcq trois petits fiefs parmi lesquels la Marque ou Marquette. 7 courtils étaient aussi tenus de lui et lui devaient annuellement 8 sous 9 deniers.

Mais à côté de cet alleu des religieux de Phalempin, il se forma, paraît-il, une seigneurie dont la mouvance, la nature et la contenance sont inconnues, et dont les possesseurs, au XVIe siècle, se qualifiaient seigneurs de Marcq-en-Pévèle.

Seigneurs de Marcq-en-Pévèle ou Pont-à-Marcq : — Jean de Le Planque, baron de Gavelle, seigneur d'Antreulle, de Marcq-en-Pévèle, de Saint-Laurent, mort en 1554, époux de Catherine du Chasteler. — Leur fils Pierre mourut sans enfants et eut pour héritière sa sœur Gertrude de Le Planque, dame d'Antreulle qui épousa Philippe de Pontrewart, seigneur des Anneaux. De cette alliance vint Marie de Pontrewart, alliée à Quentin Allegambe dont la fille Charlotte Allegambe, dame d'Antreulle et de Pont-à-Marcq, épousa Don Alonzo Ladron de Quevara, colonel espagnol, mort en 1638. Leur fils Don Juan de Quevara, seigneur de Pont-à-Marcq et d'Antreulle, mourut célibataire au siége de La Bassée, en 1647, laissant pour héritier son plus proche parent Don Francisco Ladron de Quevara. En 1694, Pont-à-Marcq appartenait à Barthélemy-François Hangouart], baron d'Avelin. — Ses successeurs comtes d'Avelin (Voir Avelin).

Buffin, à Marcq-en-Pévèle, fief vicomtier tenu dudit Marcq-en-Pévèle, comprenant 3 cents de terre, des rentes et le moulin à Wedde.

Antoine Du Gardin, fils de feu Antoine, 1585.

La Marquette, à Pont-à-Marcq, fief tenu du châtelain de Lille à un *voirre* de relief ; consistant en une place plantée de saules, nommée La Marquette, ou l'on avait coutume de faire la dédicace de la paroisse ; tenant ladite place au chemin de Lille à Douai, au Pont-à-Marcq, et traversée par la rivière.

Mathieu Le Thierrier, 1456. — Antoine Hermand, dit Englée, 1499. — Jacques de Vendeville, mort en février 1570, avait acheté cette seigneurie qui fut relevée par son fils Jacques de Vendeville. — Quentin Allegambe, écuyer, seigneur d'Antreulle.

Le Planeque, à Marcq-en-Pévèle ou Pont-à-Marcq, fief tenu de la seigneurie de Rouppy, contenant **9** bonniers **3** cents verges.

Antoine du Gardin, fils de feu Antoine; ce fief avait été acquis en **1530** par Nicaise Le Maire, son grand père.

Le Saulchoy ou **Saulçois**, à Pont-à-Marcq, fief vicomtier tenu de La Froissardrie à Mérignies, à **10** livres de relief; comprenant **8** bonniers de terre, **31** chapons 1/2, **50** sous et un muid d'avoine.

Antoinette de La Bachie, **1513**. — Marthe Soldoyer, **1585**. — Morand Ségon de Douai, par achat de la précédente, **1603**. — Péronne de Berthaut, veuve de Louis Barbieur. — Pierre Cormorant à cause sa femme, **1621**.

La Rive ou **Le Rive**, à Pont-à-Marcq, seigneurie aux religieux de Phalempin.

TEMPLEUVE.

Tenu en alleu de la terre de Landas par l'abbaye d'Anchin à qui, vers **1240**, le comte Thomas et la comtesse Jeanne octroyaient pleine et entière juridiction, c'est-à-dire, haute et basse justice sur le village et tout son territoire.

Templeuve avait sa coutume locale; elle était commune aux possessions de l'abbaye d'Anchin, à celles des abbayes de Cysoing, de Flines et des Prés à Douai, à celles des doyen et chapitre de la Cathédrale de Tournai, des chapelains de Saint-Jean et de Saint-Nicaise en l'église de Templeuve, ainsi qu'à tous autres fiefs et seigneuries situés audit Templeuve. Les plaids respectifs de toutes ces seigneuries se tenaient à Templeuve, même pour celles dont les dépendances étaient situées à Cappelle et aux environs.

Templeuve fit enregistrer ses armoiries à l'armorial général de France sous Louis XIV; elles étaient: *Écartelé, au premier et quatrième , contr'écartelé au 1ᵉʳ et 4°, d'argent fretté de sable, à un chef d'or , chargé de trois merlettes de sable ; au 2° et 3°, d'or à un lion d'azur, couronné, armé et lampassé de gueules , au deuxième et troisième grands quartiers , d'azur, semé de fleurs de lis d'argent et un cerf de même , brochant sur le tout ; et sur le tout des quatre grands quartiers , d'azur à la lettre T d'or.*

Ardompret, à Templeuve-en-Pévèle, fief vicomtier, tenu de la seigneurie d'Aigremont à 10 livres de relief, comprenant un manoir et 2 bonniers de terre tenant au chemin d'Ardompret vers le pont Tisart et au chemin menant à Hellin ; des rentes sur 28 bonniers 8 cents, une dîme sur 7 bonniers 733 verges et 10 hommages.

Pierre Houttin, seigneur de Hollebecque. — Jeanne Houttin, sa sœur et héritière, épouse de Charles de Glines, chevalier, vicomte de Jodoingne.

Boisleville, à Templeuve en Pévèle, fief vicomtier tenu de la seigneurie d'Aigremont à 10 livres de relief, comprenant un manoir sur motte avec 2 bonniers 11 cents d'héritage, jardins et labour et un bonnier 10 cents de prés tenant au chemin de Boisleville , au riez à la Haie, aux fossés de la Becque et au fief des Capons ; des rentes et 15 hommages parmi lesquels la grande et la petite **Anglée.**

Messire Louis de Hénin-Liétard , chevalier, baron des Fosseux.

Bonnance, à Templeuve-en-Pévèle, fief vicomtier, tenu de la Salle de Lille à 10 livres de relief, comprenant un manoir et 3 bonniers 950 verges, tenant au marais commun et au chemin du riez de Bonnance ; rentes sur 19 bonniers 550 verges, 3 hommages.

Nicolas de Bonnance , 1258 (Chamb. des Comptes , invent. analyt. N° 1206. — Gérard Damiens ou Davions. 1372. — Isabelle Desplanques , épouse de Jean Cotteriaux. — Martine Cotteriel , épouse de Jean Du Burcg 1461. — Jean Du Burcg, 1496. — Antoine Du Burg, fils de Mahieu. 1615 — Jean Du Burg. — Pierre de Warenghien, receveur d'Anchin, par achat de Jean Du

Burg 14 février 1630. — Les enfants dudit Pierre, Étienne de Warenghien et Françoise qui épousa Jean Du Beron, 1642. — François Waresquiel, conseiller, secrétaire du roi, 1700. — Pierre-François Waresquiel, son fils 1765. — Le fils de celui-ci, François Marie Waresquiel figure parmi la noblesse du bailliage de Lille assemblée pour l'élection des députés aux États généraux de 1789.

Bourlluet, à Templeuve-en-Pévèle, fief vicomtier tenu de la seigneurie d'Aigremont à 10 livres de relief; contenant 4 bonniers et demi de prés, tenant aux héritages des religieux d'Anchin et aux près Desenffants,

Louis de Madère, receveur de la baronnie de Cysoing, moitié par donation de Guy Rolland, et moitié par succession de sa mère, Jeanne Du Durer, veuve de François de Madère.

Les Capons, à Templeuve en Pévèle, fief vicomtier tenu de la seigneurie d'Aigremont à 10 livres de relief, consistant en rentes sur 4 bonniers 8 cents.

Martin Muette, bourgeois de Lille, 1603. — François de Lezennes, fils de feu Jean.

Cosset, au hameau d'Ardompret, à Templeuve en Pévèle, fief vicomtier tenu de la Salle de Lille à 10 livres de relief, jadis écliché du fief d'Aigremont; comprenant 2 bonniers 6 cents, des rentes sur 14 bonniers, 1,303 verges et 7 hommages.

Gilles, seigneur de Tourmignies, chevalier, 1372. — Gilles, seigneur de Tourmignies, 1398. — Pierre Joris, 1456. — Simon de Naerkerke, 1568. — Jean Verdière, chevalier, seigneur de La Fontaine, 1496. — Guillaume Verdière, seigneur de Péronne, 1561. — Jacques Bets, seigneur d'Angreau, 1588. — Jean Bets ou Bette, fils de Jacques, baron de Lede, seigneur d'Angreau, Autreppe, Péronne, Holbecque, Isseghem, Cosset, etc., 1591. — Adrien Bette, au trépas de Jean, son père, 1620. — Guillaume Bette, écuyer, à la mort dudit Adrien, 1628.

Drumez, à Templeuve en Pévèle, fief vicomtier, tenu de la seigneurie d'Aigremont à 10 livres de relief; consistant en rente. Pour hommage le bois de Drumez.

Dame Catherine Le Vlieghe, héritière de sa sœur Marguerite et épouse de Bauduin de Croix, seigneur d'Oyembourg. (Voir La Gruerie).

La Gruerie, à Templeuve en Pévèle, fief vicomtier tenu de la seigneurie d'Aigremont à 10 livres de relief; comprenant un manoir seigneurial sur motte, entourée d'eau et 18 bonniers, tenant au chemin du pont Bigam, au courant d'eau qui descend du pont de Cramery au moulin d'eau, au chemin qui conduit de l'église de Templeuve par la Caillière; des rentes sur 37 manoirs et 10 hommages.

Gilles de Landas, dit Grignart, seigneur de la Gruerie et de Rupilly, fils de Mathieu de Mortagne, dit de Landas, baron de Landas, et d'Isabeau de Bousies, dite de Nertaing. Il épousa Anne Du Chastel, dame de Bruyelles. — Leur fils Simon, seigneur de la Gruerie, marié à Marguerite de Carnin, 1478-1483. — Leur fils Hugues de Landas, seigneur de la Gruerie, allié à Jeanne de Wicq. Il mourut en 1501, ne laissant qu'une fille qui épousa Étienne de Vlieghe, bailli d'Orchies. — Jeanne Du Forest, veuve de noble homme Antoine, seigneur de la Gruerie, 1531. — Jean Le Vlieghe, chevalier, seigneur de La Gruerie, mayeur et rewart de la ville de Lille. — Demoiselle Marguerite Le Vlieghe, veuve de Josse Le Martin, écuyer, seigneur de Mesplau, du Peroy. — Dame Catherine Le Vlieghe, héritière de sa sœur Marguerite et épouse de Bauduin de Croix, chevalier, seigneur d'Oyembourg. — Au trépas de Catherine Le Vlieghe, le fief échut à N. de La Hamaide, seigneur d'Haudion, prévôt de Tournai, qui l'a laissé à son neveu dont la veuve l'eut pour douaire. Elle se remaria à N. de Sainte-Aldegonde, baron de Rosembois, fils du comte de Genech, dont les descendants ont habité le château.

Les Juris, à Templeuve en Pévèle, fief vicomtier tenu de la Salle de Lille au relief d'une blanche lance sans fer ; comprenant une place, chemins et rejects à Bonnance, près du riez de La Cloqueterie, et des rentes sur 26 cents d'héritage.

Nicolas du Bosquiel, seigneur de Le Berghe, à cause de sa femme, Catherine de Warenghien, 1565-1594. — Jean du Bosquiel, seigneur des Plancques, à la mort de ladite Catherine, sa mère. — Les enfants d'Antoine de Noyelle et de dame Yolente du Bosquiel, par donation dudit Jean, en l'an 1619.

Les Marais Rentis de Landas, à Templeuve en Pévèle, fief vicomtier tenu de la seigneurie d'Aigremont à 10 livres de relief ; comprenant 17 cents d'héritage près de la seigneurie de Bonnance, des rentes sur 27 bonniers de prés et marais et 7 hommages.

Adrien Van den Eede, écuyer, seigneur de l'Espierre. — Jean du Jardin, fils de Simon, marchand à Lille, par achat dudit Adrien. — Liévin du Jardin, fils de Jean.

Le Metz-Ferri, à Templeuve en Pévèle, fief tenu de la Salle de Lille à 30 sous de relief ; consistant en rentes, 13 rasières et 2 havots d'avoine à prendre sur des marais.

Barbe de Thieulaine, fille de feu Wallerand et femme de Gilles Van den Eechoute, seigneur de Pumbecke, 1561. — Floris Van den Eechoute, chevalier, seigneur d'Aigremont, écoutête de Bruges, à la mort de ladite Barbe, sa mère, en 1611. — Henri Van den Eechoute, écuyer, seigneur de Pumbecke, par donation dudit Floris, 1648.

Les Mollières ou Morlières, à Templeuve en Pévèle, fief tenu de la Salle de Lille à 10 livres de relief ; consistant en rentes, 6 muids 3 rasières d'avoine, 2 poules, 45 deniers.

Jores Denis, fils de Bliot, 24 mai 1395. — Martin Muette, 1603. — Françoise Muette, épouse de N. de Lezennes, morte en avril 1611. — François de Lezennes, leur fils. — François de Lezennes, fils de François, 1623. — François, fils du précédent, 1641. — Antoine Cardon. — Ignace Cardon, fils d'Antoine.—Pierre-Louis-Joseph Jacobs, secrétaire du Roi, par achat d'Ignace Cardon. — Henri-Ambroise-Ernest Jacobs, écuyer, seigneur d'Aigremont, son fils. — Henri-Louis-Marie-Joseph Jacobs, fils du précédent.

Les Préaux, à Templeuve en Pévèle, fief vicomtier tenu de la seigneurie d'Aigremont à 10 livres de relief; consistant en rentes.

Messire Louis de Hénin-Liétard, chevalier, baron de Fosseux, seigneur de Cuvilliers.

Le Pré-Huart, à Templeuve, fief tenu de la seigneurie d'Aigremont à 5 sous de relief; consistant en 350 verges de pré tenant à la Cense de Cauchompret.

Marie de Lezennes, veuve d'Allard de Landas.

La Quièze ou **La Baille**, à Templeuve en Pévèle, fief vicomtier tenu de la Salle de Lille à 20 sous de relief; comprenant environ 3 bonniers de terre abanable tenant à la voie de l'église de Templeuve à Vertain et au chemin de la rue de Paris à La Quièze; 6 hommages.

Les mêmes seigneurs que ceux de la Quièze, dit Vertain, jusqu'à messire Michel d'Espierres qui, à sa mort, en 1636, laissa le fief à son frère Jean-Baptiste d'Espierre, seigneur de Rolleghem.

La Quièze DIT **Vertain**, à Templeuve en Pévèle, fief vicomtier tenu de la baronnie de Cysoing à 10 livres de relief; comprenant 23 bonniers 8 cents, des rentes dues par 16 hôtes et 71 tenants sur 38 bonniers 11 cents; les deux parts de la dîme à l'encontre des religieux d'Anchin et du curé de Templeuve; bailli, lieutenant, sergents, hommes de fief et juges; amendes de 60 sous et au-dessous; 7 hommages.

Ustasses de Viertaing, Wistasse, seigneur de Vertaing, figurent comme échevins des Timaux en 1292 (Hautcœur, *Cart. de Flines*,

CCCIX), et en 1323 (*Titres de l'abb. de Marquette*, t. X. — Pierre de Vertaing, chevalier, fit rapport du fief de la Quièze ou de La Baille à Templeuve, le 4 mars 1372 (*Répertoire des fiefs*). — Perceval de Vertaing. — C'est de cette famille qui, sans doute, tirait son origine du Cambrésis, que le fief de La Quièze a pris son nom de Vertain. — Maître Allard de la Porte, de la maison de Mortagne d'Espierres, secrétaire du duc de Bourgogne, maître de la Chambre des comptes à Lille, en 1459, mort en 1476 et inhumé dans l'église de Saint-Maurice de cette ville, était seigneur de Vertain. De La Porte d'Espierres, portait : *Écartelé aux 1 et 4 d'argent, à la croix de gueules* (qui est de Mortagne), *aux 2 et 3 de sable, au château d'argent* (qui est de la Porte). Il avait épousé Isabelle Abonnel, fille de Jean, seigneur de Wasnes, à Sailly-les-Lannoy, anobli par le duc de Bourgogne en 1433, fondateur de la chapelle Saint-Jean-Baptiste, depuis appelée chapelle Sainte-Anne, à l'église Saint-Maurice. — Son fils Allard de La Porte, seigneur de Vertain, lieutenant de la Gouvernance de Lille, conseiller des empereurs Maximilien et Charles-Quint, et enfin maître ordinaire de la Chambre des Comptes de Lille. Il se démit de cette charge en novembre 1516, mourut en 1548 et fut inhumé en l'église Saint-Maurice, à Lille. Il avait épousé Catherine de Tenremonde, dame de Hébuterne, qui lui donna 22 enfants, dont 20 morts en bas âge. — Antoine de La Porte, seigneur de Meurchin, à Sailly, et Louis de La Porte, seigneur de Vertain, de La Quièse et Morselède, qui reprit le nom d'Espierres et mourut à Lille en 1573. — Le fils de ce dernier, messire Philippe d'Espierres, seigneur de Morselède, Vertain, La Quièze et Hébuterne, épousa Bonne de Roisin, morte à Morselède, le 17 juillet 1606, dont il eut Michel d'Espierres, seigneur de Morselède, qui vendit Vertain à Henri Robert, banquier, rue des Fossés, à Lille, 5 autres fils et 4 filles. — Catherine Robert, épouse de Pierre Janssens, seigneur de Martinsart. — Marie-Catherine Janssens, leur fille, épouse d'Henri Jacobs, seigneur d'Hailly. — Leur fils, Pierre-Louis-Joseph Jacobs, seigneur d'Hailly, secrétaire du Roi, allié à N. Quarré.

Les Tertres, à Templeuve en Pévèle, fief en l'air tenu de la seigneurie du Brœucq, consistant en 82 rasières d'avoine et un sol 8 deniers de rente seigneuriale.

Martin Muette, bourgeois de Lille, 1603.

Le Quesnoy, à Templeuve en Pévèle ; bailliage de Douai.

Delespaul, écuyer, seigneur du Quesnoy à Templeuve en Pévèle, figure parmi la noblesse du baillage de Douai qui prit part à l'élection des députés aux États-généraux de 1789.

Le Ville, à Templeuve en Pévèle, fief vicomtier tenu de la seigneurie d'Aigremont à 100 sous de relief, consistant en rentes sur 8 bonniers 12 cents d'héritages sis aux hameaux de Fayelet d'Ardompret.

Jeanne Robette, veuve de Jean Bayart, notaire à Lille, par achat de l'an 1544. — Jean Bayart, fils de feu Jean, procureur.

Lannoit, à Templeuve en Pévèle, comprenant masure, terres ahanables, pré, rentes d'avoine, de chapons et de deniers, hôte, et tenans, justice et seigneurie de vicomte.

A Pierre Daniaus et Marie Martine sa femme, qui vendirent le fief le 12 novembre 1347 pour 350 florins d'or *à le Kayère*, à Nicolas Diemenche de Pistoie et Agnès, sa femme, demeurant à Tournai (Hautcœur, *Cartul. de Flines*, LXXVII). — Ceux-ci le revendirent, le 23 janvier 1378, à Jean Jolit, pour l'abbaye de Flines, moyennant 600 florins d'or (Ibid., pages 660 et 697).

Mohy à Templeuve et Cappelle en Pévèle.

Acheté en 1281 par l'abbaye de Flines, de Jean de Ville dit Suryen. — Le 28 novembre 1420, afin d'avoir des hommes de fief pour le service du fief de Mohy à Templeuve et Cappelle en Pévèle, l'abbesse de Flines crée huit fiefs d'une rasière d'avoine chacun qu'elle assigne sur des héritages de Mohy à huit personnes, à charge par celles-ci de les tenir de l'abbaye à 10 sous de relief. (Hautcœur, *cartul. de Flines*, p, 749).

THUMERIES.

Le village de Thumeries, avec l'autel, la justice, le terrage et autres revenus, appartenait à la Collégiale de Seclin qui fut confirmée dans cette possession par une bulle de Clément III, du 26 mars 1187. — Néanmoins les bois qui s'étendaient sur le territoire de ce village faisaient partie du domaine des châtelains de Lille.

Le Grand Bellincamp, à Thumeries, fief vicomtier tenu du châtelain de Lille, de sa cour et halle de Phalempin, à 10 livres de relief, contenant un manoir et 14 bonniers 3 cents de terre, 15 bonniers de bois, les plantis et rejets le long de ces héritages.

Philippe Vrete, 1389; — Gilles Vrete; — Marie Vrete, épouse de Jacques de Fontaine, chevalier. — Gossuin de Guignies, écuyer, 1555. — Adrien de Raisse, chevalier, seigneur de la Hargerie, 1511; François de Raisse, chevalier, mort le 8 janvier 1557. — Antoinette de Raisse, dame de la Hargerie, fille de François, épouse de Louis d'Oignies, chevalier, seigneur de Chaunes. — Le 2 décembre 1611, Bon Fruict, fils de Romain, a relevé le fief à lui échu par partage.

Le Petit Bellincamp, à Thumeries, fief vicomtier tenu du châtelain de Lille, de sa cour et halle de Phalempin, à 10 livres de relief, comprenant un manoir avec quatre bonniers tenant au Grand Bellincamp, des rentes et trois hommages.

Gossuin de Guignies, écuyer, 1455. — Adrien de Raisse, chevalier, seigneur, de la Hargerie, 1511. — François de Raisse, chevalier, mort le 8 janvier 1557. — Antoinette de Raisse, dame de la Hargerie, fille de François, épouse de Louis d'Oignies, chevalier, seigneur de Chaunes. — Le 2 décembre 1611, Bon Fruict fils de Romain, a relevé le fief à lui échu par partage.

Hollisien, à Thumeries, hameau de Bellincamp; fief tenu du châtelain de Lille à 30 sous de relief consistant en rentes sur 10 bonniers.

Robert d'Antreulles, chevalier, 1389. — Robert d'Antreulles, chevalier, 1456. — Chrétien de Clugny, écuyer, seigneur de La Cessoye, 1506. — Jacques du Chastel de La Hovardrie. — Nicolas du Chastel, écuyer, seigneur de La Hovardrie, Cavrines etc·

La Tennardrie, à Thumeries, domaine du châtelain de Lille, qui y percevait des rentes en argent, en avoines et chapons.

Wastines et **Thuluch**, à Thumeries (?), domaine du châtelain de Lille, qui percevait dans ces deux hameaux des rentes en avoines, chapons et gelines.

Thelut, à Thumeries, fief tenu de la Seigneurie de Grimaretz à Esquermes, consistant en rentes sur 31 bonniers gisant à Thumeries et Mons en Pévèle,

Michelle de Wasquehal, épouse de Philippe-François de Sepmeries? seigneur de Quevillon?

TOURMIGNIES.

Nature, contenance et mouvance inconnues.

Armoiries : *de gueules à fasce d'hermines.*

Seigneurs de Tourmignies : Gilles de Tourmignies, 1304. — Gilles de Tourmignies, chevalier, échevin des Estimaux, 1324 et 1334 (Hautcœur *Cartul de Flines*) et en 1328 (abb. de Loos, 253). — Gilles de Tourmignies 1391-1419. — Sa fille Jeanne de Tourmignies, épouse de Thomas de La Vicht, 1435. — Leur fils, Jean de La Vicht. — Jean de Wisgnole, chevalier, seigneur de Tourmignies, 1455. — Luc de Cuinghien, seigneur de Tourmignies, mari de Jeanne du Bosquiel, 1456 (souvenirs de Flandre Walonne, t. 10, page. 129). — Thomas Mallet, seigneur de Berlettes, acquit cette seigneurie en 1462, et eut pour successeurs : — son fils, Antoine, seigneur de Berlettes, Anstaing et Tourmignies.—Messire Josse, chevalier, seigneur des mêmes lieux, époux de Barbe Du

Bois de Hove. — Leur fille, Anne, mariée à Claude d'Oignies, chevalier, seigneur d'Estrées. — Leur fils Jacques d'Oignies, époux d'Anne de Wittem qui lui donna une fille mariée à Claude de Beaufort, et un fils, Charles-Philippe, seigneur d'Estrées et de Berlettes, baron de Rollencourt, gouverneur d'Aire en 1632 Celui-ci vendit au sieur du Brœucq la terre de Tourmignies. D'après un inventaire de titres de la maison de Melun (Chambre des comptes, ancien I, 46), le prince d'Epinoy aurait fait, en 1622, le retrait seigneurial de la Terre de Tourmignies ; mais il paraît que le sieur du Brœucq en fut néanmoins adhérité (Arch. du Nord, portefeuille de Muyssart). N. de Haynin, vicomte du Brœucq, acquéreur de cette terre, mourut sans enfants. La moitié de Tourmignies échut à son frère Henri de Haynin, vicomte du Brœucq, et l'autre moitié au comte de Saint-Venant de la maison de Lierre en action de la vicomtesse du Brœucq, sa parente. — N. de Haynin, seconde fille d'Henri, succéda à son père dans la moitié de cette terre ; elle épousa N. de Tramecourt dont il vint une fille unique qui s'allia à Jean-Baptiste-François-Olivier de Lannoy, chevalier, seigneur des Prez, Salomé, Rabodinghes, La Deûle, etc. (Ibid.)

Le seigneur du Temporel de Tourmignies, dit Jacques Le Groux, était ci-devant le comte de Saint-Venant ; c'est maintenant M. Schérer. Cette seigneurie en effet fut vendue, en 1694, à Guillaume-Eubert Schérer, chevalier, seigneur de Scherbourg (Ibid.).

Heslinière, à Tourmignies, fief vicomtier tenu du châtelain de Lille à 60 sous de relief, contenant 7 bonniers de terre, prés et bois tenant au courant de la Marque.

Jean d'Assignies, 1389. — Jean d'Assignies, écuyer. 1456. — Léon d'Assignies, écuyer, 1506. — Ponthus d'Assignies, son fils.

Jean d'Assignies, écuyer.

Assignies, à Tourmignies ; dépendance de l'Artois. Ce fief, dont on ignore la nature, la contenance et la mouvance, portait le nom d'une famille originaire de l'Artois, qui le posséda pendant quatre siècles.

Jean Ier, sire d'Assignies, 1389. — Jean II, sire d'Assignies, son fils, allié a Marie de Tourmignies, 1156. — Leur fils, Jean III, sire d'Assignies, commandant 500 lances pour le service du duc de Bourgogne, épousa Jeanne de Barbançon, fille du seigneur d'Avelin. — Leur fils Léon, sire d'Assignies, 1506. — Ponthus, seigneur d'Assignies, son fils. — Jacques, seigneur d'Assignies, fils de Ponthus. — Jean IV, seigneur d'Assignies, fils de Jacques. — Alexandre-Charles, seigneur d'Assignies et de Berthoul, marié en secondes noces à Louise de La Hamaide, dont il eut : Eustache-Eugène, baron d'Assignies et de Bailleul, qui épousa, le 10 novembre 1718, Marie-Anne-Josèphe de Saluces-Bernemicourt, dont il eut 4 enfants. — L'aîné, Joseph-Alexandre, baron d'Assignies et de Bailleul, seigneur de Berthoul.

WAHAGNIES.

Fief vicomtier tenu du châtelain de Lille à 10 livres de relief ; il comprenait le lieu manoir de Wahagnies, le moulin à vent de ladite seigneurie, 4 bonniers de prés, 2½ bonniers de bois, 10 sous de cens, 73 sous 20 deniers de rente, 116 chapons, 4 rasières 7 quareaux et demi d'avoine, le terrage de 67 bonniers a 8 gerbes du cent. — Les terres tenues dudit fief devaient double rente de relief et le dixième denier à la vente ; mais les terres à terrage ne devaient que 4 sous de relief et autant à la vente. — 36 hommages relevaient de Wahagnies : 18 hommages liges à 10 livres de relief, parmi lesquels La Cauchie à Phalempin, 2 hommages demi-liges à 100 sous et 16 à reliefs moindres : Dolengher et Cocquembus à Seclin, Lannoy à Annappes.

Son rapport était, en 1511, de 800 livres de 40 gros (Maubus). L'échevinage, composé de cinq tenants du fief, allaient au Conseil des échevins de Lille. Wahagnies avait sa coutume particulière. En temps de guerre, les hommes de Wahagnies devaient marcher avec les vassaux du châtelain de Lille, qui les conduisait dans cette ville pour les réunir à la commune.

Robert de Wahennies , seigneur d'une terre vendue à l'abbé de Phalempin , 1184 (*Cart. des châtelains de Lille*). — Jacques , sire de Faigneules , 1389. — Jacques d'Enghien , seigneur de Faigneules , vendit , en 1418 , la terre de Wahagnies à Catherine de Saint-Aubin , dame de Molembais , veuve de Guillebert de Lannoy, et mère de Hugues de Lannoy , seigneur de Santes , gouverneur de Lille , grand-maître des arbalétriers de France , ambassadeur en Espagne et à Rome , qui trépassa le 1er mai 1456 , *le plus vieil chevalier de la Toison-d'Or* , laissant une mémoire sans tache et vénérée.

Hugues , mort sans postérité , eut pour successeur son frère Guillebert II , qui a aussi sa célébrité , mais dont la mémoire est moins édifiante. Guillebert portait : *d'argent à trois lions de sinople couronnés d'or, armés et lampassés de gueules , à la bordure de gueules et au lambel à trois pendants d'azur.* Il criait : *Vostre plaisir.* Il aima la bonne chère et les fatigues , faisant des pèlerinages pour le salut de son âme , remplissant des missions diplomatiques et cherchant plaies et bosses dans tous les pays : en Espagne , en France , en Angleterre , en Prusse , en Livonie , en Russie , en Lithuanie , en Pologne , en Grèce , en Egypte et en Syrie. Il y fut maintes fois rossé , blessé , captif. Ayant toute sa vie guerroyé et couru les aventures , il eut beaucoup à raconter et écrivit , en effet , la relation de ses pérégrinations : *Voyages et ambassades de messire Guillebert de Lannoy, chevalier de la Toison-d'or, seigneur de Santes , Willerval , Tronchiennes , Beaumont et Wahenies* , édités en 1840 par la Société des bibliophiles de Mons. (Voir , *Guillebert de Lannoy et ses voyages commentés en français et en polonais* , par Joachim Le Lewel , 1844) .

Guillebert se maria trois fois et mourut le 22 avril 1462, laissant de Jeanne de Ghistelles , sa seconde femme , Philippe de Lannoy, dont le fils aîné Philippe, 2e du nom dans la série des nobles chevaliers de sa maison , recueillit entre autres seigneuries , celle de Wahagnies , et épousa sa cousine Bonne , héritière de Lannoy et de Lys. — Leur petite-fille , Françoise de Lannoy, alliée à Maximilien d'Egmont, comte de Bueren et de Leerdam, ne lui donna qu'une fille unique, la comtesse Anne d'Egmont, qui épousa, par contrat du 2 mars 1551, le célèbre Guillaume, prince d'Orange, dont elle fut la première femme. Anne laissa au futur fondateur de la République de Hollande un fils, Philippe-Guillaume de Nassau, prince d'Orange, qui vendit, vers 1620, à Richard V, baron de Mérode, la seigneurie de Wahagnies avec celle de Lannoy et Lys. Richard, baron de Mérode et du Saint-Empire, seigneur d'Oignies, chevalier de l'Ordre de Calatrava, gentilhomme de la bouche du roi Philippe II, lieutenant de ses gardes du corps, dits archers, gouverneur de Bapaume et commandant d'une troupe de 3,000 hommes de pied, tué au siége de Berg-op-Zoom en 1622, avait épousé Hélène de Montmorency de Wattines, fille de Louis, seigneur de Beuvry, et de Jeanne de Saint-Omer. De cette alliance vint : François de Mérode, comte du Saint-Empire, seigneur d'Oignies, capitaine d'une compagnie d'hommes d'armes des bandes d'ordonnance. Il obtint l'érection en comté de la seigneurie d'Oignies avec union des terres de Wahagnies, de Hacquetel, de Quintze et de Cocquembus (Chambre des comptes, Inventaire sommaire, B, 1636). Il mourut en 1672. De Mérode porte pour armes : *d'or à 4 pals de gueules, à la bordure angrelée d'azur.*

Les bois Grusous DITS **de Croix**, à Wahagnies, fief vicomtier tenu de la Salle de Lille à 10 livres de relief, contenant 25 bonniers de bois tenant au bois du châtelain de Lille.

Jacques de Noyelles, chevalier, comte de Croix, vicomte de Nielles, baron de Maldeghem, seigneur de Roucourt, Lisbourg, etc., gouverneur et capitaine du château de la Motte au Bois, commissaire ordinaire au renouvellement des lois du comté de Flandre, fit rapport de ce fief le 21 août 1621.

Bossu et Villers, à Wahagnies, fief tenu de la seigneurie d'Allennes à 10 livres de relief, contenant 35 bonniers de bois.

Vendu par le prince d'Orange au sire d'Dignies, gouverneur de Bapaume.

WANNEHAIN.

La nature et la contenance de ce fief nous sont inconnues.

Wannehain est un des villages du Tournaisis, cédés à la France par l'Autriche, en vertu du traité des limites, conclu à Versailles le 16 mai 1769.

La seigneurie de Wannehain appartenait vraisemblablment, au XIII° siècle, à l'illustre maison des seigneurs de Landas, qui, près de s'éteindre à la fin de ce siècle retrouva une nouvelle sève dans une branche de la Maison de Mortagne et par elle perpétua son nom.

Bauduin de Mortagne, dernier châtelain de Tournai, avait épousé Béatrix de Landas, unique héritière de Gilles, fille d'Amaury X. Il céda, en 1313, la châtellenie de Tournai au roi de France, qui, en retour, érigea ses terres de Landas, de Bouvignies et de Wannehain en une seule baronnie à posséder sans dépendance et exempte de tous droits même royaux (Poutrain, *(Hist. de Tournai*, II, 635.) — Bauduin eut de Béatrix, de Landas, Jean de Mortagne, baron de Landas, qui prit le nom de sa baronnie. Il épousa Marie de Landas, sa cousine germaine, fille et héritière de Jean de Landas, seigneur de Warlaing et de Boucharde, dame de Sainghin-en-Mélantois. De sorte que tous les biens d'Amaury X se trouvèrent réunis dans les mains de Jean de Mortagne dit de Landas. Jean de Mortagne, sire de Landas et de Bouvignies, est qualifié ber de Flandre dans un acte du 19 mars 1336, relatif à la vente de la terre d'Aix en Pévèle (Goethals, *miroir des notabilités nobiliaires*, 1, 776). Pierre de Mortagne dit de Landas, qui vivait en 1380 et qui était sans doute fils de Jean, eut lui-même un fils, Mathieu de Mortagne-Landas, chevalier, baron de Landas, seigneur de Warlaing, qui épousa Isabeau de Bousies dite de Vertaing, et eut entre autres enfants : Gilles de Landas, dit Grignard, seigneur de La Gruerie et de Rupilly et une fille Jeanne, mariée à Jean de Bellefourière et morte en 1449.

La terre de Bouvignies avait été séparée de Landas vers **1380** (Statistique archéologique du Nord). Il en fut de même sans doute de la terre de Wannehain qui avait partagé son sort et qui reparaît comme seigneurie particulière, tenue du roi de France à cause de sa cour du maire à Tournai, et portant pour armes : *d'argent à trois bandes d'azur*. En cet état, elle appartenait, au XVe siècle, à la famille de La Cessoye.

En **1477**, Gilles de La Cessoye était seigneur de Wannehain et restait fidèle à sa souveraine, Marie de Bourgogne, contre le roi de France, Louis XI. Une Jeanne de La Cessoye épousa Wallerand de Landas, seigneur de Beaufremez et ramena ainsi la seigneurie dans la maison de Mortagne-Landas.

Jacques de Landas, écuyer, seigneur de Beaufremez et de Wannehain, fils de Walerand, vivait en **1550** ; il eut pour femme Guillemette de Hangouart, fille de Guillaume et de Jeanne des Plancques. Walerand de Landas, écuyer, seigneur de Wannehain, fils de Jacques, était grand bailli de la baronnie de Cysoing en **1595**. Lui et son fils Louis furent exemptés, comme nobles, du droit de francs-fiefs aux quartiers de Lille, Douai et Orchies (répertoire des fiefs, fo **157**). Louis de Mortagne-Landas, fils de Walerand, fut créé chevalier par Philippe IV, roi d'Espagne (Invent. sommaire de la Chambre des comptes, B, **1661**).

Catherine-Louise de Landas, dame de Wannehain et de Maretz, épousa en **1638**, Charles-Philippe Dennetières, seigneur de Croix-au-Mont, bailli de Lessines et lui donna entre autres enfants : Jean-François Dennetières, seigneur de Croix-au-Mont, bailli de Lessines, mort le **28** août **1712** et enterré à Wannehain dans la sépulture de ses parents (Goethals, miroir, I, **959**) ; et une fille Marie-Françoise Dennetières qui s'allia à Charles L'Archier, créé comte de Thildonck, le **10** septembre **1699**. — Ces époux eurent pour héritière : Marie-Catherine L'Archier, comtesse de Thildonck qui fut mariée le **12** juin **1703**, à Maximilien-Joseph de Lalaing, vicomte d'Audenarde (Nobiliaire des Pays-Bas, art. L'Archier). Elle mourut le 25 juin 1709, laissant Charles-Philippe-Joseph, comte de Lalaing et de Thildonck, vicomte d'Audenarde, seigneur de Wannehain, chambellan, S. M. I. Il épousa le 13 septembre 1734, Marie-Camille de Beer dont il eut Maximilien-Charles-Joseph-Antoine, comte de Lalaing et de Thildonck, vicomte d'Audenarde, seigneur de Wannehain, chambellan le 4 octobre 1760, major, puis lieutenant-colonel au régiment de Saint-Ignon dragons ; marié le 15 novembre 1764, à Anne-Marie-Philippotte Ghislaine de Draeck, reçue dame de la Croix étoilée le 3 mai 1768. Il mourut à Bruxelles le 20 février 1789 (Voir l'hist. des comtes de Lalaing par M. Brassart).

Merlem, à Wannehain, fief vicomtier, tenu de la baronnie de Cysoing, à 10 livres de relief, comprenant 4 cents de jardin devant la place de Wannehain, des rentes foncières et seigneuriales, bailli, lieutenant, sergents et officiers.

Wallerand de Landas, écuyer, seigneur de Wannehain, grand bailli de la baronnie de Cysoing, 1595.

.